DELIUS KLASING

Clark Stede

Abenteuer in allen Kontinenten

Mit ASMA
zwischen Orient und Okzident

Delius Klasing Verlag

Die Deutsche Bibliothek - CIP - Einheitsaufnahme

Stede, Clark:
Abenteuer in allen Kontinenten: mit ASMA zwischen Orient und Okzident /
Clark Stede.- Bielefeld: Delius Klasing, 1998
ISBN 3-7688-1030-5

1. Auflage
ISBN 3-7688-1030-5

Schutzumschlaggestaltung: Ekkehard Schonart
Fotos: Clark Stede
Karten: Karin Buschhorn
Gesamtherstellung: Ludwig Auer, Donauwörth
Printed in Germany 1998

INHALT

Rußland
Kaspisches Meer
Aralsee
Mongolische Volksrepublik
Innere Mongolei
Nord-
Korea
Süd-
Iran
Afghanistan
Pakistan
China
Oman
Maskat
Nepal
Bhutan
Indien
Bang-
ladesch
Kalkutta
Myanmar
(Birma)
Arabisches Meer
Bombay
Panji
Kanar
Lakkadiven
Beypore
Birra Riff
Cochin
Colombo
Galle
Sri Lanka
Golf von Bengalen
Indischer Ozean
Malediven
Thailand
Vietnam
Kambod-
scha
Saigon
Hainan
Kanton
Macao
Hongkong
Taiwan
Ostchinesisches Meer
Südchinesisches Meer
Insel Weh
Pulau Pangkor
Port Kelang
Aur
Malakka
Singapur
Sumatra
Malaysia
Borneo
Indonesien
Java

IM KIELWASSER SINDBADS

Oman
Indien
Sri Lanka
Sumatra
Straße von
Malakka
China

Arabische Dhau-Kapitäne im Hafen von Maskat in Oman.

Das erste große Abenteuer im Kielwasser Sindbads beginnt nicht auf dem Wasser, sondern im Wüstensand.
Kochendheiß empfinde ich die Sonne und habe mich hinter die schattenspendenden Mauern des Sultanpalastes gehockt. Wie so oft, warte ich und denke an das typische arabische Sprichwort: Eile mit Weile! Irgendwo dort hinter den Mauern entscheidet sich mein Schicksal, entscheidet sich, ob ich meinen Traum weiter träumen muß oder, so Allah und der Sultan von Oman wollen, ich der legendären Schiffsroute folgen darf, die Sindbad den Seefahrer zum Märchenhelden machte. Schon als Kind las ich die Märchen aus 1001 Nacht. Nicht einmal, sondern mehrmals; und auch später, schon erwachsen geworden, griff ich immer wieder zu den alten Büchern. Die Texte sind ja nur vordergründig ein Märchen, eigentlich handelt es sich um die Sammlung vieler Seemannsgeschichten eines persischen Kapitäns aus der ersten Hälfte des 10. Jahrhunderts. Natürlich kam auch Seemannsgarn dazu, und diese Mischung wurde dann im 11. Jahrhundert als Seemannsroman zusammengefaßt und ist nun ein Teil des Märchens „Tausendundeine Nacht".
Ich habe eine innerliche Verbindung zu Arabern, die einfach in mir steckt. Bevor ich mit dem Segeln begann, war ich mit den „Wüstenschiffen", mit Kamelen, unterwegs. Vierzehnmal war ich in der Sahara, zumeist mit Kamelen, ich besaß sogar eigene. Auch der Name meiner Schiffe stammt aus der Wüste. Die „blauen Männer" der Sahara, die Tuareg, haben ein sanftes und schönes Wort für „Komm, hör mein Freund", sie sagen: „Asma". So taufte ich auch alle meine Schiffe. Mit dem zweiten, einer 9 m langen Stahlslup, ging ich auf diese Reise. Einhand loggte ich insgesamt über 40 000 Seemeilen. Nicht auf der Weltumseglerroute, denn mich reizt diese „Autobahn der Yachten" nicht, sondern ich nahm Kurs auf abgelegene Ecken, wo mich die Menschen und ihre Kulturen interessieren. Die Stahl-Asma, mein Einhandseglerschiff, hat ein Kutterrigg und zwei wasserdichte Schotten, eine Selbststeueranlage, einen Motor und eine einfache, nicht störanfällige und gut funktionierende Ausrüstung: Petroleumkocher und -backofen, Schlepplog, Sextant, Wetterempfänger, keine Rollreffanlage, aber dafür 6 Segel an Bord. Das Schiff war von Anfang an für die Einhandreise konzipiert. Backbord und Steuerbord je eine Koje, um immer in Lee schlafen zu können. Der Tisch in der Mitte, WC im Vorschiff und achtern Kombüse und Navigationsecke.

Oman

Arabische Seefahrer verließen schon vor 1200 Jahren ihre Handelshäfen mit Kurs auf China. Die Seekarten waren auf Messingplatten geprägt.

Die Schiffbauer Omans bedienen sich immer noch einer alten Technik: Mit Kokosnußbast werden die Planken zusammengebunden.

Das Vorschiff, getrennt durch ein Schott wie das Achterschiff, ist ein großer Stauraum für Segel, Schlauchboot, Leinen und Kleinkram. Achtern der Motor und unter dem kleinen Cockpit Stauraum für Außenborder, Kanister und Festmacher. Auf Deck gibt es kleine Aufbauten, eine Handankerwinde und eine gute Sprayhood.
Mir fehlte die Energie, eine Frau zum Blauwassersegeln zu überzeugen, also zog ich allein los, als Einandsegler. Zuerst ging es durch den Englischen Kanal, wo ich noch meine selbst beigebrachten Astrokenntnisse in die Praxis umzusetzen lernte. Den praktischen Teil von Navigation und Technik hatte ich mir bei Seglern abgeschaut und durch eigene Erfahrungen angereichert. Daß so etwas funktioniert, beweist die Tatsache, daß ich bis heute ohne Segelschein auf fast 100 000 Seemeilen nicht einen Schiffbruch erlitten habe.
Von England segelte ich durch die Straße von Gibraltar, dann in das Mittelmeer, von Norden nach Süden durch das Rote Meer und gegenan nach Maskat, der Hauptstadt des Sultanats Oman, wo ich nun auf eine Entscheidung warte.
Endlich – die Palastwachen öffnen das Tor, und ich werde hereingewunken. Reich geschmückt, in Worten kaum auszudrücken, ist der Audienzsaal. Omanis, gekleidet im Dschelabah, bitten mich, auf dem Teppich Platz zu nehmen. Tee wird gereicht. Ich schlürfe laut, was als Zeichen des Wohlgeschmacks gilt. Es wird Arabisch gesprochen, was ich nur wenig verstehe, wenn auch besser als die

Der Koran, das heilige Buch der Mohammedaner, wird schon von den Jüngsten gelesen.

Koranschule am Strand des Arabischen Meeres. Hier wird nicht nur der Inhalt des Korans gelehrt, es werden auch soziale Fragen diskutiert.

Worte eines chinesischen Dolmetschers, da verstehe ich tatsächlich nur Chinesisch. Doch der Chinese neben mir lauscht gespannt. Mustafa, mit dem ich tagelang durch Oman gereist bin, Leibfotograf des Sultans, strahlt und nickt mit einem sanften Lächeln. Jetzt verstehe ich. Er hat es tatsächlich geschafft, durch seine Hilfe wird mein Traum zur Realität werden. Er hatte dem Sultan von meinem Vorhaben erzählt. Scheinheilig und voller vorgetäuschter Freude hält jetzt mein chinesischer Nachbar – es ist der Botschafter, wie sich herausstellt – eine Ansprache. Mein Herz klopft, meine Gedanken fliegen dahin, am liebsten

Ehrwürdig und faszinierend wirkt die intakte arabische Kultur in Maskat auf mich, ebenso diese Männer am Stadttor.

Im Basar von Maskat unterwegs zu sein bedeutet für mich, Menschen und ihre Kultur zu treffen.

würde ich schreien vor Freude: Sindbad, ich komme!
Oman ist ein traumhaftes Land. Gebirgsketten ziehen sich durch die Wüste und am Meer entlang. Unendlich weite Sandstrände und die traditionelle arabische Kultur prägen dieses Wüstenland. Hier leben verschiedene Beduinenstämme, Kamelbesitzer, aus denen hervorragende Seefahrer hervorgegangen sind und heute noch hervorgehen. Die Omanis, früher immer darauf bedacht, den Gewürzhandel in Afrika und Asien zu kontrollieren, besaßen schon vor den Zeiten Sindbads eine

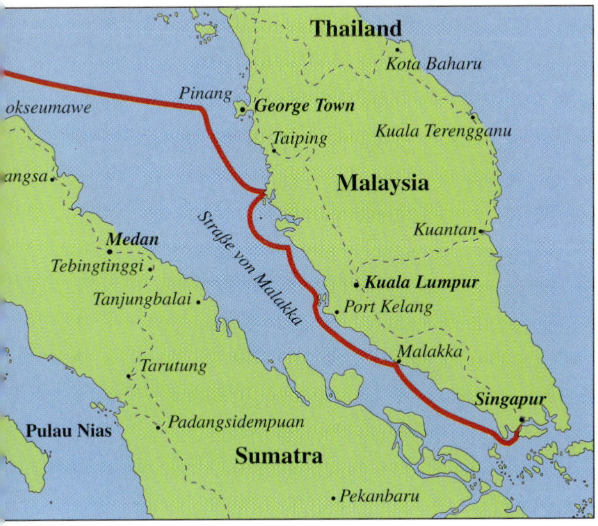

Der Stoffbasar von Maskat war in der antiken arabischen See- und Handelsfahrt wichtigster Umschlagplatz für chinesische Seide.

große Flotte. Sie kolonialisierten die Komoren, wo die Araber Nelken anbauten, und gründeten Handelsniederlassungen in Ostafrika wie Daressalam, Sansibar und Mombasa. Vor 1300 Jahren begannen sie, ihr Imperium der Gewürze weiter auszubreiten. Erst nach Indien, dann nach Sri Lanka, später nach Indonesien und Malaysia und zuletzt nach China. Dank der seetüchtigen Dhauen, mit denen sie reisten, entwickelte sich ein reger Handel, und die arabischen Flotten zählten zeitweise über 3000 Schiffe.

Wie in den alten arabischen Segelanweisungen empfohlen, mache ich mich Mitte Dezember von Oman aus auf den Weg. Der Nordostmonsun weht verläßlich, beständige 3 - 4 Beaufort treiben ASMA voran. Ich logge Etmale von 100, mal 90, dann wieder 130 Meilen.

Oman ist für mich eine menschliche Oase. Im ganzen Land gibt es Zeit für Erzählungen und herzlich angebotene Gastfreundschaft.

Hinter diesen Gemäuern war die hohe Schule der Astronavigation untergebracht. Damals navigierten die Seefahrer nach Sternbildern.

Liebevolle Freundschaft unter Männern, ohne schwul zu sein. Wir kennen sie nicht, doch sie ist für mich in Oman eine wunderbare Erfahrung.

Oman ist eine farbenprächtige Welt voller Kontraste. Frauen, die ihr Antlitz keinem Mann zeigen wollen, tragen Masken. Männer werden bis zu 100 Jahre alt. Es gibt tausendmal mehr Kamele als Autos, und da der starke Einfluß des Westens ausblieb, wurde die schöne Kultur nicht zerstört.

Gebet von Seefahrern in der Moschee. Überall lasse ich mir Zeit, die Menschen kennenzulernen, die mir das Fotografieren immer erlauben.

Kamele beförderten schon zu Sindbads Zeiten die wertvolle Ware, die mit den Dhauen aus Asien und China kam: Gewürze, Seide, Heilkräuter und Porzellan. Oft endete die monatelange Wüstenreise erst in Syrien und der Türkei. Die Beduinen haben eine treffende Bezeichnung für ihre Wüste: ein kaltes Land mit einer heißen Sonne.

Mein Schiff, fotografiert vom Leibfotografen des Sultans aus dem Helikopter. Danach wurde mir der gut verpackte Film auf das Deck geworfen.

Trockenfallen bei 40° C im Schatten. Vorbereitung für die Reise nach Indien: Welle und Rumpfdurchbrüche checken und Muscheln abkratzen.

Indien ist unverändert: Schon seit ewigen Zeiten salzen und trocknen die Männer den Fisch. Er geht als wertvolles Viehfutter in das karge Arabien.

Dinuah, ein Priester, verschafft mir Zugang zu der mythischen Zeremonie des Katakali.

Zehn Tage dauert meine Reise von Oman nach Indien. Hier ist alles anders. Sattes, unglaubliches Grün. Die Menschen sind nicht vermummt. Die Männer tragen Longys, die Frauen bunte Saris. Südwärts der Küste entlang, immer in flachen Gewässern, geht es zum Hafen Kanar. Unterwegs sehe ich Dörfer. Sie wirken mittelalterlich wie die Einbäume der Fischer, ausgebrannte Baumstämme. Dagegen ist der arabische Dhauschiffbau High-Tech. Durch die flexible Bauweise der Rümpfe sind ihre Schiffe enorm seefest und zerbrechen nicht. Sie „nähen" die Planken regelrecht mit Faserschnüren zusammen, die sie aus Kokosnuß-Schale gewinnen. Die Schnüre holen sie sich vor allem von den Lakkadiven. Diese Inseln sind für jeden Besucher, selbst für Inder, gesperrt.

Katakalitänzer. Mythen und Zauber erlebe ich auch beim Segeln.

Schon die Märchen von Tausendundeine Nacht erzählen davon: beschwörende Katakali-Tänze in Südindien. Sie sollen bösartige Geister vertreiben.

Unterwegs kann man viel lernen. Fischer tragen nach der Reparatur ihr Boot vom Slip wieder in das Wasser.

Ich steuere die Lakkadiven trotzdem an und erfinde einen Notstand an Bord: Maschinenschaden. Fotografieren darf ich nicht. Traumhaft schöne Natur, ein farbenprächtiges Riff, nette Menschen – hier hat sich seit den Zeiten der alten Seefahrer nichts geändert.
Auch nicht in Beypore, der Hochburg des Dhauschiffbaus in Indien. Rund 60 -70 Menschen, ausgerüstet mit Axt, Säge, Hammer und Hobel, bauen ein 30-m-Schiff in acht bis zehn Monaten. In Cochin berichtet Sindbad von den Katakali-Tänzern. Auch ich erlebe dort diesen mythischen Tanz, der die Seelen und Krankheiten der Menschen heilt.

Kontrastreiches Indien: Materiell gesehen sind die Menschen arm, aber sie sind reich an Menschlichkeit.

Jede Besatzung einer Dhau hat ein Wurfnetz an Bord. Meistens muß der Schiffsjunge Fisch für die Mannschaft fangen, wie hier im Hafen Beypore.

Hafen von Beypore. Diese Dhauen segeln nach Arabien, Pakistan und entlang der indischen Küste.

Lieblingskombination im Monsun: ausgebaumter Klüver, Blister und das mit einem Bullenstander gesicherte Groß.

Mein Rundumlicht ist nicht vorschriftsmäßig, doch die Petroleum-Starklichtlampe ist meilenweit zu sehen.

Die Asma ist für die Einhandreise konzipiert. An Steuerbord und Backbord je eine Koje und in der Mitte ein Tisch.

Die Windselbststeueranlage: Der Autopilot bewegt das Rad, von dem die Steuerleinen auf die Pinne führen.

Aus Büchern brachte ich mir die Astronavigation selbst bei. An guten Tagen liegt man mit der Position auf ca. 2 Seemeilen genau.

Blauwassersegeln ist romantisch, aber ich bin auch ständig mit Reparaturen beschäftigt, wie hier bei dem Getriebe. Meine Erfahrung: Je einfacher die Yacht, desto mehr Freude hat man.

Ich habe keine Schiffs-, Lebens- und Krankenversicherung. Die einzige Versicherung, die ich besitze, sind meine Fitness und Willenskraft. Täglich trainiere ich 2 Stunden Gymnastik.

Flauten und Hitze zermürben mich mehr als ein gemäßigter Sturm.

Fischfang ist notwendig, um die Ausgaben gering zu halten.

Die ganze Dhau ist handgearbeitet: Segel, Blöcke, Masten und Rumpf. Sie wirkt schwerfällig, segelt aber voll beladen gute 10 Knoten schnell.

Mit dieser Dhau war ich unterwegs. Das Foto schoß ich außenbords – die Kamera war auf eine Schwimmweste gestützt.

Auf den Dhauen wird viel mit Taljen gearbeitet, denn es gibt an Bord dieser Frachtsegler keine Winschen.

Bei einer Wende oder Halse muß das Backstag gelöst werden. Beladen und gegen Wind und Welle kreuzen die Dhauen nicht mit Wenden, sondern halsen. Trotz der Mammutarbeit beherrschen 3 Mann das Schiff.

Auch die Großschot läuft über Blöcke. Um zu starke Krängung zu vermeiden, bunkern frachtlose Segler Sandsäcke als Ballast in der Bilge.

Sri Lanka

Vier Tage mit dem Nordmonsun im Februar, und ich bin in Sri Lanka. Die Araber nannten das Land „Serendib“ und waren fasziniert von den farbenfrohen Tempeln der Buddhisten. Mir geht es genauso. Ich lasse ASMA im Hafen von Galle und wandere eine Woche zu Fuß auf dem alten Elefantenpfad, der historischen Versorgungsstraße, die den Hafen Galle mit der Königsstadt Kandy verband. Unterwegs erlebe ich die Antike: schön bemalte Felsklöster, Lastenelefanten, einsame Dörfer. Buddhistische Klöster sind meine Herbergen. Dort sitze ich auf dem Steinfußboden, esse blanken Reis, schlafe auf der Matte und erfahre dabei, mit wie verdammt wenig und einfach wir Menschen leben können. April, der Südwestmonsun bläst, und wie die Dhauen verlasse ich das Farbspektrum Sri Lanka.

Die 950 Jahre alte Moschee von Beruwela auf Sri Lanka war früher auch eine Astronavigationsschule der arabischen Seefahrer.

Der Buddhismus hat mich beeindruckt. Mönche und Priester sind mittellos und werden von der Bevölkerung ernährt.

Mit Priester Rajin bin ich tagelang zu Fuß auf der alten Elefantenroute unterwegs, auf der auch die Araber nach Kandy kamen.

In diesem buddhistischen Kloster bin ich Rajins Gast: täglich 8 Stunden Meditation und zwei Mahlzeiten. Übernachtet wird auf einer Matte.

Foto aus der für die Wartung von Mast, Blöcken, Wanten und dem Rigg unentbehrlichen Mastleiter.

Segeln bedeutet für mich losfahren und ankommen. Die Etappen auf See sind nie langweilig, im Gegenteil, mein Geist und die Seele können sich in Ruhe auf das nächste Land vorbereiten.

Sonnenuntergänge sind nicht nur schön, sondern man wird auch erst mit der untergehenden Sonne von der feuchtheißen Hitze des Tages erlöst.

Sumatra und die Straße von Malakka

Nach zehn Tagen im Indischen Ozean erreiche ich die Insel Weh. Diese Insel und Sumatra waren für die Araber die „Nelkenkammer“. Zu Sindbads Zeiten war das Gewürz Gold wert – wie ich, obwohl ich kaum mehr als 500 US-Dollar monatlich für meine Reise ausgebe! Denn in der Straße von Malakka, unweit des Hafens Pulau Pangkor, wird es brenzlig. Ein Fischkutter versucht mehrmals längsseits festzumachen. Ein Piratenüberfall! Ich ändere den Kurs und springe zum Kartentisch, wo meine Waffe steht. Nachdem ich mit meiner Winchester das Steuerhaus mehrmals treffe, dreht der Kutter ab. Schweißgebadet und mit zitternden Knien habe ich die Gewißheit, ohne Waffe an Bord keine Meile zu segeln.

Malakkas Hafen ist gefüllt mit Frachtseglern – dieser schöne Anblick entschädigt für alles. Auch Sindbad war begeistert von dieser Stadt. Arabische, englische, holländische und portugiesische Architektur, Zeugen von Machtkämpfen aus alten Zeiten, prägen das Bild. Wegen ihrer hervorragenden geographischen Lage war die Stadt einst der Schlüssel zum Asienhandel und Kontrollpunkt der Straße von Malakka. Im Eiltempo treibe ich Asma voran, denn es ist Mai, und bald schütteln die Wirbelstürme die Schiffe im Chinesischen Meer.

Insel Weh nahe Sumatra. Sindbad schwärmte von dieser Inselwelt, denn hier bunkerten die arabischen Seefahrer die kostbaren Nelken, die heute noch die Haupteinnahmequelle der indonesischen Bevölkerung sind.

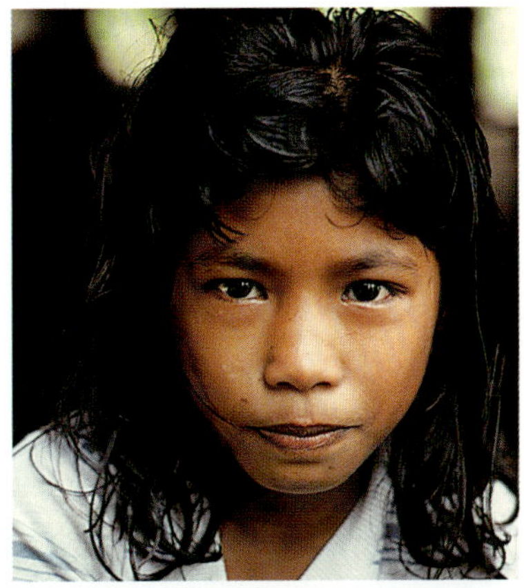

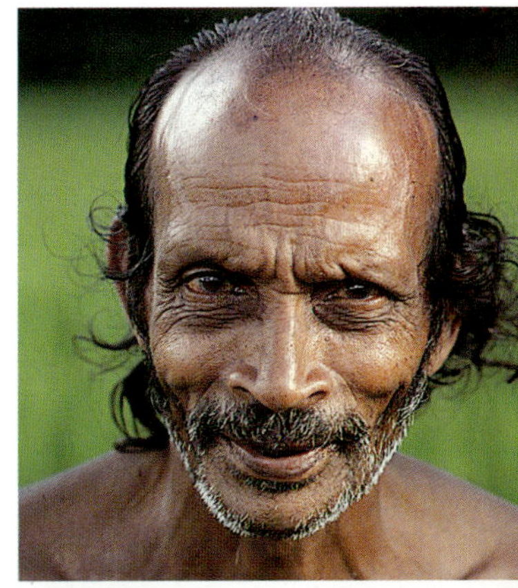

Fast jeder Kapitän in Indonesien hat eine Waffe an Bord, um die Besatzung zu beschützen. Das bedeutet aber auch, daß jeder Kapitän möglicherweise ein Pirat ist.

Vor über 1200 Jahren kam mit dem arabischen Nelkenhandel auch der Islam nach Indonesien. Wie früher werden die Nelken zuerst mühevoll getrocknet und dann in Säcke verpackt. Zu Sindbads Zeiten war ein Sack Nelken 18 - 20 Kamele wert – heute knapp 50 Dollar.

Meine 9,5 m lange Stahlyacht mit 6,5 t Verdrängung und 3 m Breite kann vor dem Wind bis zu 96,5 m^2 Segel tragen. Selbst das ist oft zuwenig.

Der Schlangentempel im Hafen von Penang wirkt märchenhaft. Er ist in den Erzählungen von 1001 Nacht erwähnt.

Für die Inselbewohner sind Schlangen heilige Tiere, die mitten im Tempel frei leben und dort gefüttert werden.

Typisch für die Straße von Malakka und richtiges Pech für mich: Wie in den Berichten von Sindbad und anderen arabischen Seeleuten werde auch ich in dieser Meeresstraße von Piraten angegriffen. Nur weil ich die Winchester an Bord habe, lebe ich heute noch.

China

Die Sindbad-Route liegt hinter mir. ASMA besucht als erste Einhandyacht 1985 die Volksrepublik China. Kanton wimmelt von Menschen, Rikschas, Autos, Märkten – es ist eine nie zuvor erlebte Masse und Hektik. Gemeinsam mit Mohammedanern

aus Kanton, die mich eingeladen haben, bin ich in der Hua-Isheng-Moschee, und das Gebet beginnt: Allah Akbar, Allah ist groß… Mehrmals fällt der Schiffsname „Asma“. Schöner kann das Ende nicht sein: Ich knie in der Moschee am Ziel meiner Reise in China.

Von der Straße von Malakka nach China war der ständige Schiffsverkehr bedrohlicher als die Tiefs mit Sturmstärke.

Mein Universal-Köder: Zerschnittener Finger vom Gummihandschuh oder ein kleiner Octopus plus rote Streifen aus Spinnakertuch.

Bilder wie aus den Logbüchern Sindbads: chinesische Dschunke an der Mündung des Perlen-Flusses in China.

Phantastisches Ende meiner Reise: Kantonesische Mohammedaner laden mich für ein Sondergebet in die Moschee ein, die früher auch als Leuchtturm genutzt wurde.

Streng bewachte ASMA – die erste westliche Yacht, die in China einlaufen durfte (1985).

Taiwan
Hongkong
Luzon
Philippinen
Manila
Pazifischer Ozean
Marianen
Palau-Inseln
Palawan
Sulu-See
Mindanao
Malaysia
Sulu-Inseln
Celebes-See
Molukken-See
Borneo
Celebes
Molukken
Admiralitätsinseln
Bismarckarchipel
Insel Kairiru
Schouten-Inseln
Neuirland
Wewak
Rabaul
Neuguinea
Garove-Insel
Sepik
Madang
Arop
Island
Neu-
britannien
Timor
Indischer Ozean
Australien

AUF EINSAMEN KURSEN IN MELANESIEN UND MIKRONESIEN

Mikronesien
Papua-Neuguinea

Das Atoll von Palau.

Mikronesien und Papua-Neuguinea sind voller Überraschungen und Kontraste. Einmal steuere ich auf ein Schiff zu, auf dem Leute Lichtsignale geben, und entdecke erst im letzten Moment, daß es sich um riesige Klippen mit Anglern darauf handelt – laut Seekarte war tiefes Wasser zu erwarten. Nachts drehe ich oft bei, aus Sicherheitsgründen, um nicht irgendwo aufzulaufen. Auf einigen Inseln nehmen Besucher „Kleinigkeiten" mit von Bord, sei es eine Dose, ein Angelhaken oder ein Stück Tampen, den sie abschneiden. Das ist für die Insulaner kein Diebstahl – wenn man etwas vom Schiff des weißen Mannes besitzt, dann bringt das Souvenir viel Glück.

Der Törn führt ständig durch Korallenwälder, Riffe und Inseln. Deshalb litt ich nirgendwo so unter Schlafmangel wie in diesen Gewässern. Dafür ist die Natur dort traumhaft schön. Für einen frustrierten Entwicklungshelfer, der einem Dorf die Geburtenkontrolle beibringen soll, bin ich ein Lichtblick. Da dieser Mann eine Inspektion seiner Vorgesetzten aus den USA erwartet und er seine Kondome nicht alle an den Mann gebracht hatte, beschenkt er mich mit 5000 Stück. Madang, ein Hafen in Papua Neuguinea, wird daraufhin für mich zur Goldgrube. Dort leben und arbeiten Australier, die aktiv am Nachtleben teilnehmen. Die Apotheken waren leergekauft und meine 5000 Kondome gehen für bare Dollar weg wie warme Semmeln.

Mikronesien

Farbenprächtige Riffe, dazu 350 Inseln, wovon nur 3 bewohnt sind, der größte Fischreichtum im Pazifik, knapp 5000 Einwohner – all das könnte wie ein perfektes Paradies wirken. Aber, und das habe ich auf meinen Reisen gelernt, man muß sich mit seiner Umgebung kritisch auseinandersetzen. So ist es auch in Palau. Der kleine Inselstaat in Mikronesien hat eine wunderschöne Natur, doch es ist erschreckend, was dort mit den Menschen geschah. Noch vor 60 Jahren hatten die Insulaner fast keine Kontakte zur Außenwelt. Dann kam dieses unbedarfte Volk zwischen die Mahlsteine der Zivilisation. Die Insel liegt strategisch einmalig günstig, und die Korallenwelt bietet sichere Ankerplätze. Zuerst landeten die Japaner im Zweiten Weltkrieg auf Palau und lieferten sich grausame Gefechte mit den Amerikanern, die später die Inseln besetzten. Heute ist Suwan, der Dorfälteste, bemüht, den übriggebliebenen Rest der Kultur und das Wissen daraus zu erhalten. Er weiß, daß im Inneren der Menschen noch der Gedanke an die Kraft der Natur und der Geister lebt, den hat die Zivilisation bis heute nicht zerstört. Eher das Gegenteil ist der Fall. Viele junge Insulaner und Insulanerinnen,

Mikronesien ist paradiesisch: freundliche Menschen, ewiges Lächeln, pure Natur und eine farbenfrohe Kultur.

Mikronesier haben eine große Liebe zum Detail. Mit kreativen Ideen werden selbst die Gerichte geschmückt.

die ihre Erfahrungen mit dem Einfluß der Zivilisation und besonders mit der Kirche gemacht haben, wenden sich immer mehr ihren alten Ritualen und Glaubensvorstellungen zu. Das finde ich schön. Und überall, wo ich solche Bewegungen beobachtet habe, unterstütze ich die Menschen durch Gespräche in ihrem Vorhaben. Mag der Leser, der nicht viel gereist ist, schmunzeln, aber wenn man im

Überall begegne ich den Zeremonien und Kulten, die für die Insulaner lebensbestimmend sind. Die Frauen am Strand wollen durch ihren Gesang die Meeresschildkröte, die nach ihren mythischen Vorstellungen Symbol der Fruchtbarkeit ist, gütig stimmen.

Pazifik unterwegs ist, erlebt man die unbeschreibliche Arroganz und Ignoranz des „weißen Mannes“ aus der Vergangenheit. Es kann doch nicht sein, daß Missionare zu Völkern reisen und ihnen erklären, alles was sie glauben, achten, verehren, anbeten, alles das sei falsch – nur Jesus paßt unter die Palmen. Darunter haben die Völker des Pazifiks enorm gelitten und leiden heute noch.
Am Strand von Palau laden mich Frauen ein, die durch ihren Tanz die Schildkröten, Symbol der Fruchtbarkeit, gütig stimmen möchten. Zufällig erfahre ich dabei auch, wie lebenswichtig die Kokosnuß ist. Aus dem getrockneten Kokosnußfleisch wird hier nicht nur Kopra produziert. Die Menschen gewinnen auch Kokosnußmilch zum Kochen oder vermischen das geraspelte Fleisch mit Zucker und kandieren es zu Bonbons. Früher, bevor die Zivilisation die Insel erreichte, deckten die Leute über 60 % ihres Kalorienbedarfs durch die Kokosnuß – wie fast alle Insulaner des Pazifiks. Sie gewannen aus der Palme und den Nüssen Material für Netze, Fackeln, Matten, Körbe, Besen, Bindfäden, Gefäße, Medizin und den Grundstoff zur Herstellung von Wein – den sie heute noch reichlich brauen und trinken.
Niemals war ich auf der Suche nach einem Paradies oder auf der Flucht vor der Zivilisation in Europa, ich bin unterwegs um zu sehen, zu lernen und Menschen zu treffen. Und ich weiß: Nur wenn ich in mir selbst das Paradies finde – und das habe ich –, dann kann ich das Erlebte wirklich genießen.

Palau besteht aus 350 Inseln und unzähligen Riffen. Es hat eine der intaktesten Meeresfloren und -faunen.

Auf fast einem Drittel der Inseln gibt es Seen, in denen Pflanzen und Tiere ungestört gedeihen.

Den Wasserreichtum weiß man als Segler, der immer Süßwasser sparen muß, besonders zu schätzen.

Mit Suwan, dem Medizinmann, verbringe ich einige Tage. Er lehrt mich den wunderschönen Satz: „Geh fort, um zu lernen.“ Sein Gebetshaus ist bemalt mit Fischen, „die Nahrung bringen“, und Vögeln, „die das Glück tragen“.

Der Medizinmann Suwan erzählt mir, welche extremen Folgen aus dem Zwiespalt Mythologie und Realität entstehen können. Er spricht Englisch, weil er im 2. Weltkrieg für die Amerikaner gearbeitet hatte. Bis zu jenem Tag, an dem die Japaner und später die Amerikaner landeten, kannten die Insulaner weder Geld noch Krieg. Suwan erklärt mir, welchen Schrecken die ersten Schüsse unter seinem Stamm verbreiteten, weil nach den überlieferten Vorstellungen der Insulaner so ein Geräusch den Weltuntergang bedeutet. Viele von ihnen trieb daraufhin diese Angst in den Wahnsinn.

Bildnis eines Häuptlings, der als Zeichen erfolgreicher Kopfjagd schwere Ohrringe trägt.

Papua-Neuguinea

Während im Tontopf Taro-Wurzeln schmoren, klärt mich mein Gastgeber, der Dorfälteste der Insel Koil, über das Wesen der Kopfjagd auf. Damit wir uns besser verstehen, steht ihm der Lehrer als Dolmetscher zur Seite – er hat einfach die Schule für heute geschlossen. „Wenn du das Fleisch eines starken Gegners verzehrst“, erklärt der Älteste, „dann geht die Kraft des Mannes in deinen Leib über“. Kopfjagd bedeutete hier nicht sinnloses Töten, sondern war Stammeskrieg. Mein Gesprächspartner berichtet weiter: „Diese Zeiten sind vorbei, aber wir leben in und mit unseren Geistern. Diese Kraft ist unbeschreiblich schön.“

Zwischen Flauten, leichten Winden, feuchtheißem Klima und vielen Riffen schleiche ich wochenlang dahin.

Braunes Wasser strömt gegen meinen Bug, es geht den Sepik-Dschungelfluß hinauf. Es gibt keine Seekarte, ich muß nach Instinkt fahren und gut beobachten. Mir begegnen schwimmende Urwaldbäume, treibende Schilf-Inseln und viele Krokodile. Öfter berührt der Rumpf Sandbänke. Jede Tagesreise bedeutet einen großen Schritt rückwärts in der Zeitgeschichte. Nach vier Tagen ist das Mittelalter überschritten. Kanus kommen längsseits, die Leute schauen, staunen und lächeln. Mir wird Räucherfisch geschenkt und schmackhafte Flußkrebse. Ich ankere auf 3 m Tiefe. Am nächsten Tag berührt der Kiel kurz den Grund, am übernächsten sitze ich auf. Der Regen in den Bergen bleibt aus, der Wasserspiegel sinkt weiter. Die wochenlange Gefangenschaft auf der Sandbank nahe dem Dorf Tambanum wird zum Erlebnis. Am Ufer schlagen Männer, nur mit dem Lendenschurz gekleidet, mit steinzeit-

Ein Selbstbildnis. Die Kamera ist kombiniert mit einem Infrarot-Auslöser und mit Hilfe eines billigen Baumstativs im Rigg befestigt.

Die Schouten-Inseln gehören zu Papua-Neuguinea. Die Menschen dort sind ihrer Tradition verhaftet.

Auf den Schouten-Inseln treiben die Medizinmänner die Krankheitsgeister mit Gesängen aus und spritzen Milch auf die Hütten, damit das Gute einkehrt.

Für mich ist es wichtig, Menschen an Bord einzuladen, mit ihnen zu reden und mehr von ihrem Leben zu erfahren.

lichen Werkzeugen Kanus aus Baumstämmen. Frauen holen Fischfallen aus dem Fluß. Langsam versinkt die Sonne, das Millionenheer von Moskitos wird lebendig. Abends holen mich einige Männer ab. Wir paddeln im Einbaum über den stillen Fluß. Unzählige Sterne beleuchten den Sepik. Später erreichen wir das Haus Tambaran – Geister- und Männerhaus zugleich. Im Inneren brennt ein Feuer. Männer, geschmückt mit Federn, sitzen mit ihren Flöten herum. Masken hängen an den Wänden, es sind die Darstellungen verschiedener Geister. Neben dem Feuer steht eine große Holzfigur – der Fruchtbarkeitsbringer, wird mir

Auf dem Bild links eine Schlitztrommel, das funktionierende Buschtelefon. Damit wird zu Ratssitzungen oder Festen der Dorfbewohner „gerufen“.

Salzwasser-Krokodile und aalglatte Ankerplätze waren die Highlights auf dem Fluß Sepik.

Am Sepik stehen nur noch ganz wenige Zeremoniehäuser. Sie heißen „Tambaran“. Übereifrige Missionare hatten zum Abbrennen der Geisterstätten aufgerufen. Die Sepik-Kultur gehört zu den wertvollsten erhaltenen der Welt.

Schutzschilder für die Speerkrieger am Sepik. Geformt aus Holz und gebrannter Erde und mit Naturfarbe bemalt.

Detailbild eines Tambarans. Für die Bemalung des Hauses werden Erd- und Pflanzenfarben von der gesamten Dorfgemeinschaft zubereitet.

erklärt. Flötentöne hallen durch den Raum. Ich empfinde die Stimmung als beklemmend, doch die Musik verführt auch zum Träumen. Die Leute starren in das Feuer. Alte Männer erzählen Geistergeschichten und beten. Die Flöten werden lauter, dann stößt man die Holzfigur in das Feuer. „Er wird verbrannt, er kommt dahin, wo er immer lebt“, klärt mich mein Nachbar auf.

Zierbalken eines Tambarans. Das Dorf bestimmt die Männer, die so ein Haus bauen dürfen. Diese Baumeister gehen sieben Tage in die Wildnis meditieren und fasten, um Geist und Seele auf den Bau eines solchen Kunstwerkes vorzubereiten.

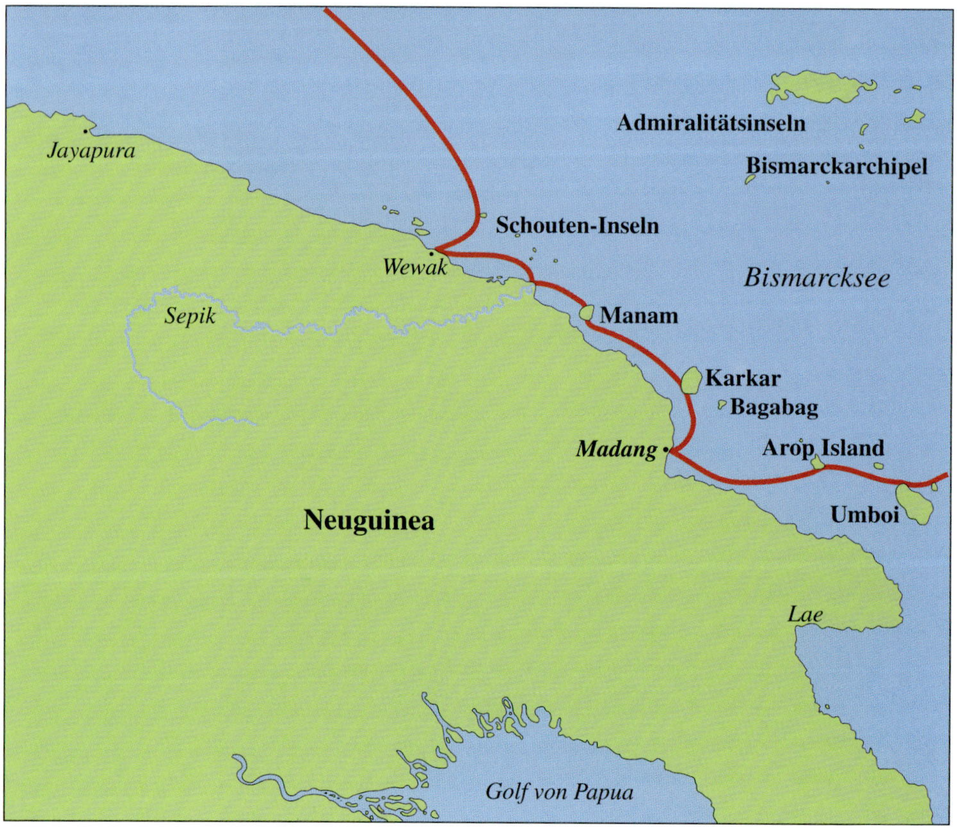

Einhandsegeln bedeutet in der Nähe einer Küste oft nur 20 Minuten Schlaf am Stück. Für meine Sicherheit habe ich meinen Kaufhauswecker mit einem Kontaktrelais verbunden, das an einer 12-V-Sirene angeschlossen ist.

Zum Glück darf ich das fotografieren, sonst würde mir kein Mensch glauben, welche malerische Kultur ich erleben darf.

Junge Männer nach einem 28 Stunden andauernden Gebetstanz, mit dem sie als Krieger in den Stamm aufgenommen werden.

ASMA

Garove Island. Nach Monaten begegne ich der ersten Yacht. Nicht nur die Einheimischen machen für mich das Fahrtensegeln zu einem Erlebnis, es sind auch die Segler auf den Yachten, die eine spezielle Gemeinschaft bilden.

Sport und Ernährung sind für mich wichtig. Überall fische ich, trockne Obst und Gemüse und versuche, wenig Konserven zu essen.

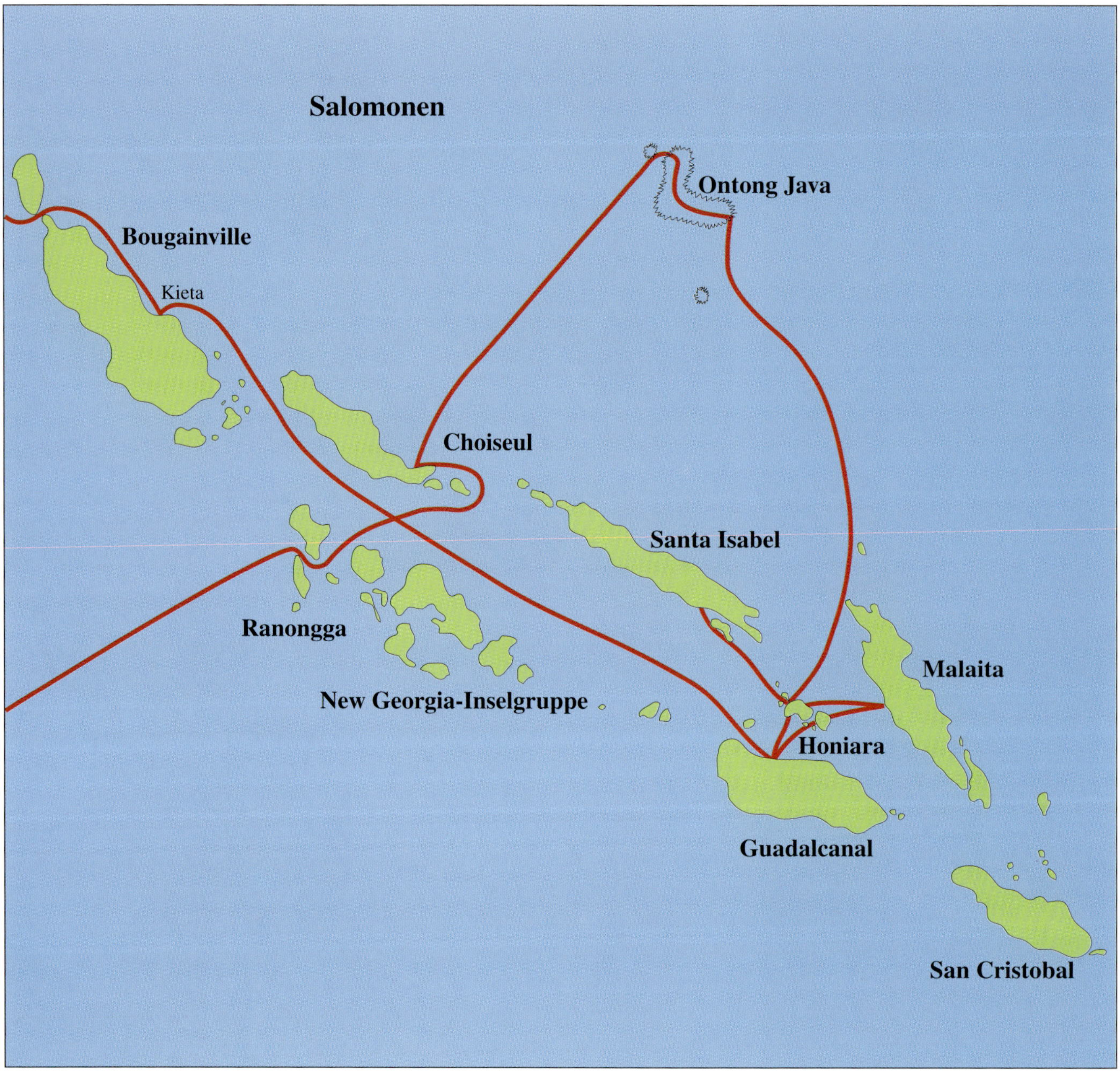
Salomonen
Ontong Java
Bougainville
Kieta
Choiseul
Santa Isabel
Ranongga
Malaita
New Georgia-Inselgruppe
Honiara
Guadalcanal
San Cristobal

ZU DEN FERNEN SCHÖNEN

Salomonen
Ontong Java
Insel X
Chagos Inseln

Unglaublich, aber wahr: Asma ankert neben einer von Menschenhand geschaffenen Insel. Für die Erbauer die einzige Lösung, sich vor den streitsüchtigen Bergbewohnern der Insel Malaita, die noch in den sechziger Jahren Kopfjäger waren, zu schützen.

Die Insel Malaita hat einen schlechten Ruf, jeder rät mir ab, dorthin zu fahren – und das wirkt auf mich wie eine Einladung. Dort sehe ich eine unglaubliche Leistung: künstlich geschaffene Inseln!
20 Generationen lang haben die Menschen aus Angst vor den Bergbewohnern Steine, Korallen sowie Erde in Kanus geschleppt und auf die vorgelagerten Riffe gebracht, um sich dort ihr künstliches Zuhause zu bauen. Hier rufen heute noch Priester, im Wasser stehend, die Haifische herbei, die, so die Vorstellung, eine Verbindung zum Teufel haben. Während sie die Meeresräuber anbeten, füttern die Priester sie.
Hier erlebe ich auch, wie ein Brautpreis entrichtet wird: 1,80 m lange Muschelketten, wirkliches Muschelgeld, wird ausgelegt.
Von Malaita segel ich zum Atoll Ontong Java und fühle, daß ich meinen „blauen Traum" erreicht habe. In das Logbuch schreibe ich: „Ich bin angekommen. Ich bin da! Warum nicht hierbleiben..." Das polynesische Paradies, das ich Dank einer Genehmigung der Regierung der Salomonen besuchen darf, wirkt auf mich wie ein Traum. So muß Cook die Südsee erlebt haben. Gemeinsam mit den Polynesiern sitze ich im Kreis und trinke Toddy, den köstlichen Palmenwein. Im Mondlicht schlagen die Männer Trommeln. Stundenlang. Dazu tanzen mehr als 50 Frauen, fast bis zur Ekstase. Sie singen, dann verstummt auf einmal alles. Tiefe Stille. Thom, der Stammesführer, erklärt: „Gestern hat diese Frau (unweit von uns ist das Haus), siehst du sie in der Tür sitzen, ein Baby bekommen. Das erste. Deshalb tanzen die Frauen jetzt hier. Für das Baby, damit es weiß, es muß nicht allein leben..., wir alle sind für das Kind da." Sekunden später bewegen sich die tätowierten Frauenkörper wieder, das Spektakel beginnt von vorne.
Das Leben ist gemeinschaftlich organisiert. Im Dorf Luangiua gibt es sechs Männerhäuser. Jeden Tag geht ein Team für das Dorf auf Fischfang. Wenn Frauen ihre Periode haben,

Roanuo (links), der Priester, „ruft" im Wasser stehend die Haie und füttert sie. Haie sollen eine Verbindung zum Teufel haben.

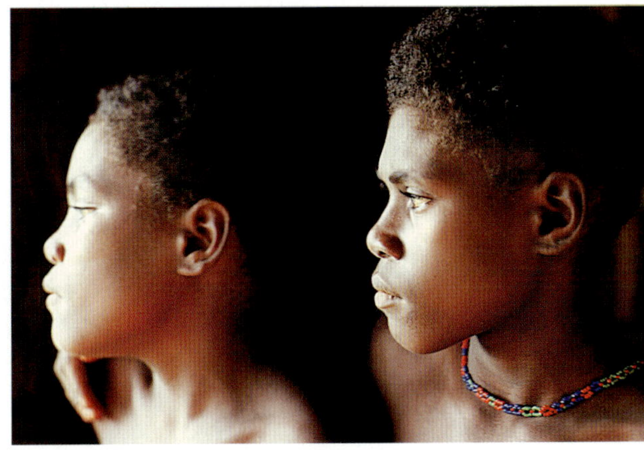

Für mich ist es wundervoll zu erleben, wie diese Menschen mitten in ihrer Kultur leben, sich schmücken und Identität besitzen. Oft liegt mein Schiff tagelang allein vor Anker, während ich zu Fuß unterwegs bin.

leben sie im Frauenhaus und werden von der Gemeinschaft versorgt. Mein Bug zeigt nach Australien. Der Passat füllt die Segel. Ich kann nicht erklären warum, doch ich fühle, einen Umweg machen zu müssen. Auch das ist die Freiheit des Blauwassersegelns. Du ziehst an der Steuerleine der Windselbststeueranlage, und alles ändert sich, der Kurs, das Ziel, die Erlebnisse. Ich nehme Kurs auf ein paar Inseln, die am Rande des Louisiade-Archipels liegen.

Thom, der Stammesführer des letzten polynesischen Paradieses Ontong Java, trägt stolz sein Würdezeichen, einen abnehmbaren Nasenring.

Muschelgeld ist Zahlungsmittel für Brautpreise, Viehkauf und Nahrung auf den Salomonen.

ASMAS Rigg ist sehr hoch. Das erlaubt mir, hochgeschnittene Klüver zu fahren, um eine bessere Sicht zu haben.

Überall lade ich gerne Menschen ein: Kinder paddeln von meiner Kakao-Party zurück.

Ontong Java, ein letztes polynesisches Paradies. Geräte wie Netze und Werkzeuge gehören der Gemeinschaft.

Trockenfisch – ein guter Vorrat für fischarme Gewässer.

Gemeinschaftssinn prägt das Leben auf Ontong Java. Gefischt wird für alle, und Geld gibt es nicht, man tauscht Waren.

Auf der Insel besitzen die Frauen das Land und haben wie die Männer ihr eigenes Gemeinschaftshaus, das Frauenhaus.

Insel X

Märchenhaft, wie in alten Erzählungen, ist mein Besuch auf der Insel X. Auslegerkanus mit geflochtenen Segeln kreuzen durch die Lagune. Die Menschen, zumeist in Kleidung aus Bast gehüllt, wirken fröhlich und gesund. Die knapp 200 Insulaner bewohnen eine von den zwei Inseln im Atoll. Die andere, die für Haustiere tabu ist – wohl zum Schutz vor Bakterien –, ist ein großer „Dorfgarten". Jeder arbeitet dort. Man geht gemeinsam fischen oder baut Kanus, die ich in dieser primitiven Bauform hier zum ersten und letzten Mal sehe.
Das kleine Paradies verdient seinen Schutz – darum benenne ich die Insel nur mit einem „X".

Die Menschen der ungenannten Insel sind unglaublich zufrieden und glücklich.

Die Bemalung ist kein Schmuck, sondern eine Verkleidung, um nicht erkannt zu werden, wenn die Menschen im Gesang ihre Geister tadeln und loben.

Urform eines Auslegerkanus: mit Bast verbundene Planken und geflochtene Segel.

Ein Segelmacher flicht – wie früher überall im Pazifik – ein Segel. Diese steife Matte erlaubt den Kanus, sehr hoch am Wind zu laufen.

Zuerst werden die Planken mit der Axt gearbeitet. Danach werden sie mit einem Gemisch aus Schildkrötenblut, Asche und Erde, das ein wasserfestes elastisches Dichtungsmittel ergibt, abgedichtet.

Die Insulaner kommen zum Abschied an Bord, um zu feiern und mit ihrem Gesang die Schiffsseele gütig zu stimmen.

Eine Waffe, körperliche Fitneß und Willenskraft sind für mich wichtiger als Versicherungen.

Dank der guten Mastleiter bin ich schnell in der Saling, um in Riffgebieten Ausguck zu halten.

Schnell und mit wenig Energie backe ich Brote im Schnellkochtopf.

Überdimensionierte Winschen erleichtern das Einhandseglerdasein enorm.

Neun Jahre lang begleitet mich die unverwüstliche Contax.

Wegen eines fehlenden Kühlschranks nehme ich oft lebende Hühner und Enten mit.

CONTAX

Chagos Inseln

Zwischen Asien und Afrika, mitten im Indischen Ozean, liegt das farbenprächtige Atoll Chagos. Weil dort kein Trinkwasser zu finden ist, sind die über 100 Inseln menschenleer – und ein lebendiges Beispiel dafür, wie die Natur einst gewesen sein muß, bevor der Mensch eingriff. Hier schwimme ich mit meiner in der Zwischenzeit an Bord gekommenen Mitseglerin mit Schildkröten und Delphinen zusammen im lauwarmen Wasser. In den bunten Riffen, mitten im glasklaren Wasser, tummeln sich alle Fische, die dieser Ozean zu bieten hat. Es gab nur zwei Landfälle in meinem Leben, wo ich mich dem tatsächlichen Leben und der Natur so nahe fühlte: hier auf den Chagos und in der Antarktis.

Braten ohne Öl und Pfanne: Die Korallensteine werden durch die Holzglut erhitzt. Darauf wird dann ca. 20 Minuten lang der Fisch gelegt.

Menschenleere Inseln, eine intakte Natur und traumhafte Riffe – die Chagos Inseln sind für mich neben der Antarktis der schönste Platz der Welt.

Nonstop Darwin – Chagos sind wir 30 Tage unterwegs. Entenmuscheln haben sich am Rumpf festgesetzt, wir kratzen sie ab.

Riffe, Untiefen, Strömungen und die Dünung des Meeres halten viele Schiffe von einem Landfall ab. Oft kommen wir nur bei Hochwasser über das Riff in die Lagune.

Der Weg zu den leckeren Kokosnüssen ist lang: Man klettert in schwindelnde Höhe, um die Früchte abzuschneiden.

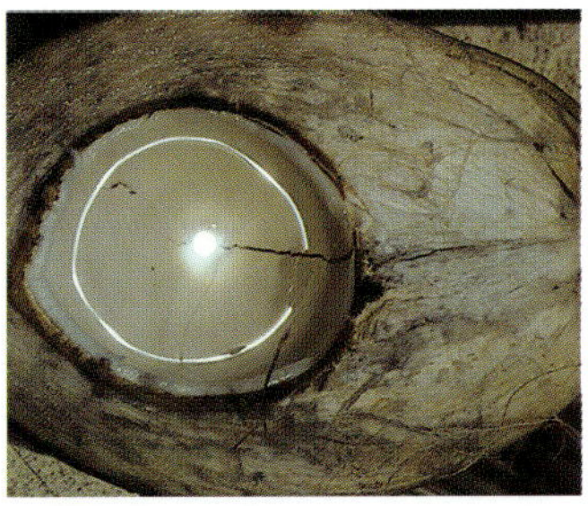

Das Kokosnußwasser ist erfrischend und vitaminreich.

Nahrung wie Hummer, Krabben, Fische, Palmenherzen und Krebse gibt es hier genug. Nur kein Trinkwasser. Selten regnet es, so daß wir nicht häufig Wasser auffangen können.

Tunesien
Mittelmeer
Israel
Irak
Jordanien
Alexandria
Suez
Libyen
Ägypten
Saudi-Arabien
Rotes Meer
Suakin
Tschad
Eritrea
Jemen
Insel Hanish
Aden
Golf von Aden
Sokotra
Sudan
Djibouti
Äthiopien
Zentralafrikanische Republik
Somalia
Kamerun
Uganda
Kenia
Kongo
Gabun
Indischer Ozean
Ruanda
Zaire
Lamu
Burundi
Victoriasee
Mombasa
Seychellen
Insel Pemba
Tansania
Sansibar
Daressalam
Kilwa
Komoren
Diego Suarez
Anjouan
Moroni
Nosy Be
Mayotte
Majunga
Angola
Malawi
Sambia
Mosambik
Simbabwe
Straße von Mosambik
Namibia
Madagaskar
Mauritius
Botswana
Südafrika
Swasiland
Komoren
Grande Comore
Moroni
Anjouan
Mutsamudu
Domoni
Mohéli
Fomboni
Dzaoudzi
Mayotte

DIE GEWÜRZROUTE

Madagaskar
Komoren
Tansania
Kenia
Rotes Meer

Arabische Dhauen fahren heute noch auf dem Kurs der alten Gewürzroute.

Blauwassersegeln ist ein Leben voller Abenteuer. Nichts ist beständig, weder das Wetter und die Ziele, noch die eigene Laune; täglich ändern sich die Risiken und Pläne. Dieser Tanz auf dem Seil reizt mich. In Australien ist mein Einhandseglerleben nach über 20 000 Seemeilen zu Ende. Für die nächste Etappe durch den sportlichen Indischen Ozean kommt eine Frau an Bord: Michelle Poncini, Australierin, dynamisch, von fabelhafter Willenskraft – und kaum Ahnung vom Segeln. Windiges Wetter, überkommende Gischt, ich muß die Passatsegel, die ich vom Segelmacher mit einer Reffreihe anfertigen ließ, kürzen. Vom Vordeck rufe ich Michelle, die an der Pinne steht, zu: „Go to port" – die englische Version für „geh nach Backbord". „More port", schreie ich. Keine Reaktion. Dann schaut sie mit ihren braunen Augen auf das Vorschiff und ruft zurück: „Mensch Clark, den Portwein habe ich in Darwin vergessen."
Die erste Zwischenetappe zu den Chagos Inseln segeln wir 30 Tage Nonstop. Zeit genug, Michelle unterwegs die Astronavigation zu lehren. Nach den Chagos Inseln gebe ich Lektionen in Trimm und Kursberechnung, und bevor wir Afrika ansteuern, ist sie fit, allein die Segel zu wechseln. Ein gutes Beispiel dafür, daß man erst mal losfahren muß – ankommen wird man sowieso. Wir sind unterwegs zu einem neuen Abenteuer: die Gewürzroute bis in das Rote Meer zu segeln. Nicht irgendeine der zahllosen Inseln im Indischen Ozean steuern wir an, sondern den legendären „Nelkenwald" Afrikas: Schon vor 1300 Jahren nahmen arabische Händler Kurs auf Madagaskar. Vollbeladen mit Seide, Teppichen, Messing oder Kamelhäuten ließen sie sich vom Nordmonsun die 3800 Meilen lange Route entlangtreiben. Sechs Monate später, wenn der stürmische Südmonsun einsetzte, segelten die hölzernen Dhauen wieder in ihre Heimathäfen zurück. An Bord hatten sie einen Stoff, der im Abendland mit purem Gold aufgewogen wurde: Gewürze.

Madagaskar

Gewürze und Handel haben die große Insel zum Schmelztiegel der Völker gemacht. Hier leben Afrikaner, Chinesen, Inder, Polynesier, Indonesier und Araber. Wir wandern durch das Land. Klettern nahe der Ortschaft Ansaravibe durch die 2 km lange Tropfsteinhöhle, in der auch kleine Krokodile leben. Woanders im Urwald bewundern wir die Lemuren, Halbaffen, die nur hier leben und die uns regelrecht aus der Hand fressen.
Dann steuern wir Nosy Be an, eine grüne Lavainsel, die einem riesigen Gewürzgarten gleicht: Hier wachsen Pfeffer, Thymian, Nelken, Muskatnuß und Vanille. Schon auf osmanischen Seekarten aus dem 12. Jahrhundert, unverwüstlichen Messingplatten, war Nosy Be als gewürzreiches Eiland eingezeichnet. Auch heute noch prägen prallgefüllte Gewürzsäcke das bunte Bild des Inselmarktes, wo die Madagassen, die Einwohner Madagaskars, ein buntes Völkergemisch, dem ortsüblichen Tauschhandel frönen. Tausend Jahre zuvor hatten ihre Vorfahren am gleichen Platz mit den arabischen Kapitänen getauscht: Pfeffer gegen Seide aus Indien. Nelken gegen persische Teppiche. Oder Vanille gegen Porzellan.
Die Zeit drängt. Schon ist es Oktober, und der Südostmonsun verliert merklich an Kraft. In wenigen Wochen wird der Wind drehen und uns von Norden her entgegenwehen. Als letzten Hafen auf Madagaskar laufen wir Majunga an, eine im Jahr

Die klassischen Segelkanus sind überall in Madagaskar zu finden. Auf ihnen werden sämtliche Waren transportiert.

Hinter den Riffen benutzen die Einheimischen das Ausleger-Segelkanu. Der Ausleger ist immer in Lee. Bug und Heck im eigentlichen Sinne gibt es nicht.

Die Menschen Madagaskars sind eine Mischung aus Ureinwohnern, Europäern und Afrikanern.

1180 gegründete arabische Handelsniederlassung.
Als wäre die Zeit seit damals stehengeblieben, drängen sich auch heute noch im Hafen große Frachtsegler: Flaggen aus Sansibar, Indien, Oman und dem Jemen wehen von den Masten.
Ein arabischer Kapitän lädt uns zum Tee ein. Wir fachsimpeln über die Route entlang der afrikanischen Küste – die Gewürzroute. Als wir den teakhölzernen Frachtsegler verlassen, gibt der Kapitän eine alte arabische Seefahrer-Weisheit mit auf den Weg: „Das Meer und die Winde gerieten einst in Streit. Die Schiffe versöhnten sie wieder."

Zebus geben nicht nur Milch, sie werden auch zum Pflügen und als Lasttiere eingesetzt, wenn man zum Markt geht.

Matrosen im Hafen von Majunga warten auf Hochwasser, um mit den Gewürzen nach Afrika auslaufen zu können.

29°C Wassertemperatur laden ein zum Wäschewaschen und zum Klatschen.

Madagaskar ist ein armes Land. Immer wurde es ausgebeutet, zuletzt von den Franzosen. Es gibt wenig Autos, dafür aber viele Rindergespanne.

In Riffnähe sind die Fische häufig vergiftet, deshalb fischen wir draußen im Meer auf Vorrat und trocknen das Fleisch.

Die Passatsegel sind oft die einzige, wenn auch schlechteste Lösung, weil das Schiff enorm rollt.

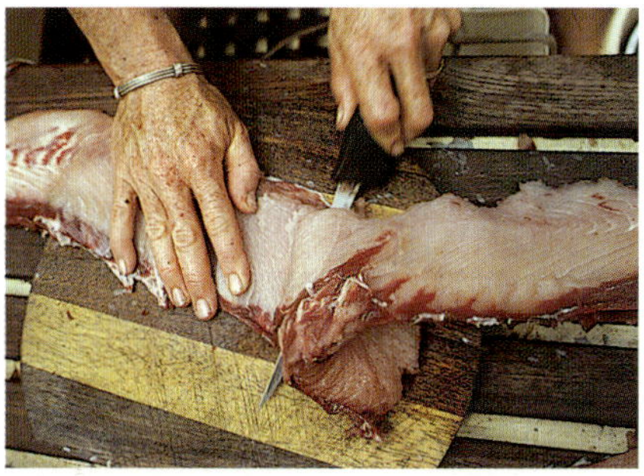

Typische Frühstückshaltung in der rollenden Dünung des Indischen Ozeans. Ganz gleich wie das Wetter ist – essen können wir immer.

Komoren

Tropische Pracht, tiefgrüne Berge, reiche und bunte Gärten sowie eine intakte islamische Kultur, die ihresgleichen sucht, so erleben wir die Komoren. Neben der alten Sultansstadt Mutsamudu, die auf der Insel Anjouan liegt, ankern wir. Von hier aus beherrschte in früheren Zeiten der Sultan die vier Komoreninseln und kontrollierte die ertragreiche „Nelkenkammer". Die Araber hatten schon lange vor der Ankunft der europäischen „Entdecker" im Mittelalter eine konkurrenzlose Handelsroute der Gewürze entwickelt. Sie begann in Sumatra und führte

Hinter den Mauern des Marktes in Moroni werden schon seit 1300 Jahren Gewürze verkauft.

Erst die Araber besiedelten die unbewohnten Komoren mit afrikanischen Sklaven.

ASMA
HAMBURG

„Chell“, Michelle Poncini, die unermüdliche, nie aufgebende Australierin, und ich an Bord der Asma.

Überall ankern wir mit 55 m Kette und CQR-Anker. Nur zweimal bringen wir zusätzlich den Danforth (15 m Kette und 30 m Trosse) aus.

Der Schutzbügel um die Selbststeueranlage dient auch als Trittbrett für die Gangway.

Funktionstüchtige Kakerlakenfalle: Ein Glas innen mit Öl einreiben und mit Zuckerlösung füllen – alle rutschen in den Tod.

Der Magnetkompaß ist 2,5 m über dem Stahldeck am Mast montiert. Ein Geländer um den Mast ist gut für unsere Sicherheit.

über Madagaskar, die Komoren und Daressalam nach Sansibar und von dort direkt nach Oman, Persien und Pakistan. Der abendländische Markt wurde über das Rote Meer versorgt. Bevor die Araber hierher kamen, waren die Inseln menschenleer. Die Araber kolonialisierten die Inseln und besiedelten sie mit afrikanischen Sklaven, die auf den Nelkenplantagen einen unvorstellbaren

Koranschüler: Weit weg von Arabien hat sich hier der Islam in seiner ursprünglichen Form erhalten – ohne fanatische Auswüchse.

Mutsamudu, die alte Sultansstadt auf der Insel Anjouan, hat eine faszinierende arabische Kultur.

Der Koran ist nicht nur ein Gebetsbuch, er lehrt auch das Sozialverhalten.

Die Moschee von Mutsamudu, die wir besuchen dürfen, ist beides: Treffpunkt der Menschen und Gebetshaus.

Reichtum schufen. Das Logbuch eines arabischen Kapitäns aus dem Jahr 1126 berichtet, daß sein Schiff mit Nelken beladen das dreifache seiner letzten Reise wert sei, wo es mit Gold beladen war.
Wir zwängen uns durch die verwinkelten lebhaften Gassen. Überall riecht es nach Vanille und anderen Gewürzen. Arabische Händler feilschen, andere bieten laut ihre Ware an. Dann folgen wir einem Eselspfad den Berg hinauf, der zum alten Sultanspalast führt. Zu unseren Füßen liegt die Altstadt mit dem Hafen, wo Dhauen in der Dünung rollen – Mutsamudu wirkt wie ein Märchen.

Moroni, die Hauptstadt der Komoren, ist heute wie früher das Handelszentrum für Nelken.

Das krasse Gegenbeispiel zu den Komoren erleben wir auf der Nachbarinsel Mayotte. Armut und Menschen ohne Identität begegnen uns in dieser französischen Kolonie.

Vom letzten Hauch des Südostmonsuns lassen wir uns im November an die Küste Tansanias wehen. Trotz der leichten Winde zieht die Asma mit vier Knoten pro Stunde durchs Wasser, angetrieben von der starken Strömung im Mosambik-Kanal, die wie ein Hilfsmotor wirkt. Ostafrika empfängt uns mit trockenen Savannen, die bis ans Meeresufer reichen. Erst nördlich des Hafens Kilwa, von dem jahrhundertelang Simbabwes Gold nach Arabien verschifft wurde, finden wir bunte Riffe und einsame, paradiesische Sandstrände.
Wenig Ruhe herrscht im Handelshafen von Daressalam, der tansanischen Hauptstadt. Wir ankern nur

Kleine Dhauen dienen als Leichter, um die großen Dhauen zu be- und entladen.

„Weißes Gold" heißt das wertvolle Speise- und Viehsalz, das in den Salinen nahe Kilwa gewonnen wird.

kurz, inmitten unzähliger Dhauen, von denen einige ihren festen Ankerplatz bei einer sagenumwobenen Insel haben: Sansibar.
Tage später erblicken wir den alten Sultanspalast der Insel, eine malerische Kulisse, der auch ein klotziges Fort keinen Abbruch tut, in dessen Schutz die großen arabischen Handelshäuser stehen. Sansibar, so sagt man, ist nicht Tansania. Freundliche Menschen schlendern hier durch saubere Gassen, deren Häuser durch reichverzierte Holztüren geschmückt sind. Sansibar war einst das wichtigste Handelszentrum zwischen Arabien und dem Kap der Guten Hoffnung. 1486, berichtet eine Chronik, lagen hier bis zu vierhundert große Dhauen vor Anker. Heute zählen wir knappe dreißig. Nur der Charme ist Sansibar von seiner einstigen Handelsmacht geblieben.
Als die Asma Kurs aufs offene Meer nimmt, bleibt uns die Erinnerung an ein Stück altes Arabien in Schwarzafrika.

Das Fischfleisch legen wir in eine Lauge aus 50% Meerwasser und 50% Essigwaser 24 Stunden lang ein, bevor wir es an der Luft trocknen.

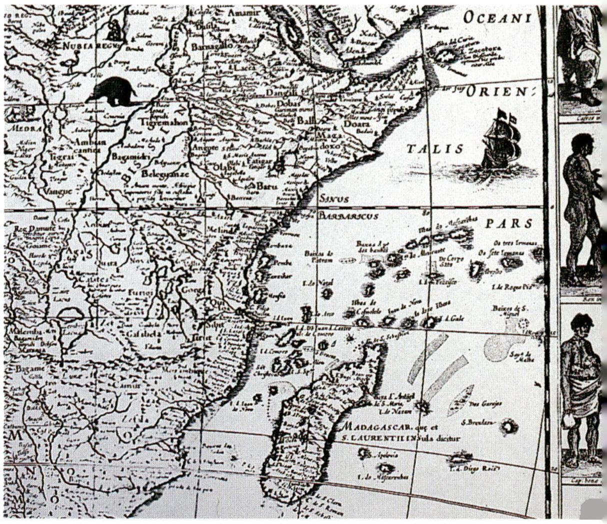

Tausend Jahre vor den europäischen Seefahrern, die diese Karte aus dem 17. Jahrhundert kannten, segelten die Araber auf der Gewürzroute im Indischen Ozean.

In Kilwa, wo wir ankern, steht eine alte arabische Festung. Der Hafen war einst der wichtigste Umschlagplatz für Gold und Elfenbein.

HAMBURG

Die Insel Lamu war und ist für die arabischen Seefahrer die letzte Bunkerstation für Wasser und Nahrung, bevor sie Nonstop nach Hause segeln.

Dhau-Matrosen bei der Segelreparatur in Mombasa. Dieser von arabischen Händlern gegründete Hafen wird noch immer von Dhauen angelaufen.

Kenia

Ein leichter Südwind treibt uns voran. Wir passieren die Insel Pemba, wo noch wie eh und je die alten Nelkenplantagen blühen, die arabische Kaufleute vor mehr als eintausend Jahren angelegt haben. Dann kommen wir nach Kenia und erreichen Mombasa: Die Stadt war früher heiß umfehdet und wild umstritten. 1678 saßen die Portugiesen im Fort Jesus, dem markanten Wahrzeichen des Hafens. Zwanzig Jahre später vertrieb sie der osmanische Sultan Ben Saif wieder. Die christlichen Seefahrer hinterließen nur wenige Spuren, die Araber jedoch ganze Städte.
Wir ankern im alten Dhauhafen. Zwängen uns durch die Gassen der Altstadt. Und genießen dort die sympathischen Menschen, Gesichter aus Afrika und Arabien. Nicht nur die arabische Architektur ist Zeuge dieser Kultur, auch die arabischen Eßgewohnheiten existieren noch. Da gibt es mit Gewürzen vermischten Mokka, heiße Brotfladen, Kuskus und die Zuckerbäckereien, ein Schlaraffenland für uns Segler, die nach einer Seereise ihren Heißhunger auf Süßigkeiten dort stillen.
Knappe 130 Meilen nördlich von Mombasa liegt die Insel Lamu. Mombasa mag eine arabische Stadt sein, Lamu ist eine arabische Enklave seit ewigen Zeiten. Die Insel war die Lebensader des Afrikahandels der arabischen Handelsschiffahrt. Heute wie früher laufen Frachtsegler Lamu an, um ihre Vorräte zu ergänzen. Für die arabischen Navigatoren war dies der letzte Stop, bevor sie die Küsten Arabiens ansteuerten, denn Somalia galt immer als unwirtlich und hatte keine sicheren Häfen.
Auch wir füllen auf Lamu unsere Stauräume mit Frischobst, Gemüse, Kartoffeln, Reis und Kokosnüssen, bunkern Wasser und Diesel. Denn von hier gehen wir Nonstop in das Rote Meer.
Es ist April. Der Wind weht aus Süd und gewinnt an Stärke. Wir kommen schnell voran. In 1700 Seemeilen Entfernung liegt bereits die jemenitische Stadt Aden. Kaum ist der Äquator passiert, werden die Winde zu schwach, um unser 6,5 Tonnen schweres Schiff zu bewegen. Die Flaute zehrt an unseren Nerven, aber mit dem Spinnaker gelingt es uns, doch noch vorwärts zu schleichen.
14 Tage nachdem wir Lamu Adieu gesagt haben, passieren wir das Horn von Afrika, die Nordspitze Somalias.

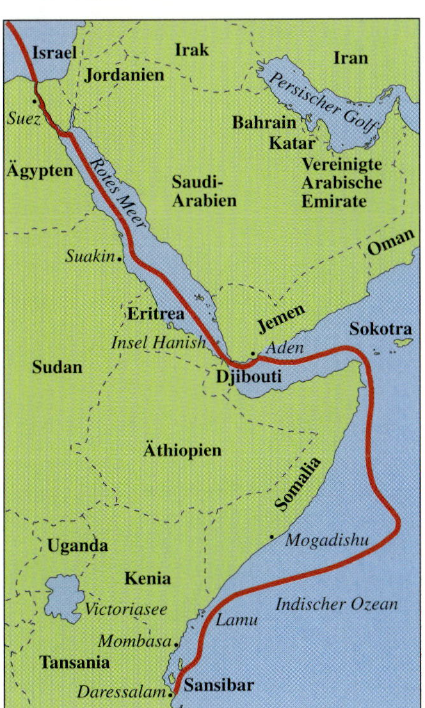

ESMAIL
HASSANALI
Hedex

Fischfang hat auf Sansibar eine lange Tradition. Der Fisch wird gesalzen, getrocknet und in Ballen verpackt. Als Viehfutter ist er heute für die trockenen Savannen Afrikas bestimmt – früher ging er als Kamelfutter nach Arabien.

e Gassen, dicke
ıde und Lüftungs-
ächte halten die
ser in der Alt-
lt von Mombasa
l.

Mokka, gewürzter Kaffee, ist das Lieblingsgetränk der Männer im Hafen von Mombasa.

Afrika ist für uns wie eine Droge. Wir genießen das einfache Leben und den hautnahen Kontakt mit den Menschen.

Hier auf Lamu, wo wir ankern, erleben wir eine herzliche Gastfreundschaft.

Dieser Bäcker, die arabische Abstammung ist deutlich zu erkennen, ist stolz darauf, daß seine Vorfahren von der Wüste aus hierher segelten.

Jungen und Mädchen besuchen die Schule getrennt. Sie lernen hier die englische und arabische Sprache.

Würdezeichen der reichen Händler aus längst vergangenen Zeiten: ein Krummdolch aus Oman.

Nationalpark Masai Mara: schön und teuer. Wir schlafen im Schulhaus und gehen mit den Wildhütern auf Patrouille – billig und aufregend.

Ein tagelanger Fußmarsch durch die heiße Savanne Kenias bringt uns zu den Pokot. Wir sind zu Gast bei Conohaa, dem Dorfältesten.

Dürre und wenig Nahrung bedeutet bei den Pokot keinen ernsthaften Notstand. Sie zapfen mit Hilfe eines dünnen Holzröhrchens die Halsschlagader ihrer Rinder an und trinken das Blut. Diese Notnahrung rettet sie immer vor dem Verhungern.

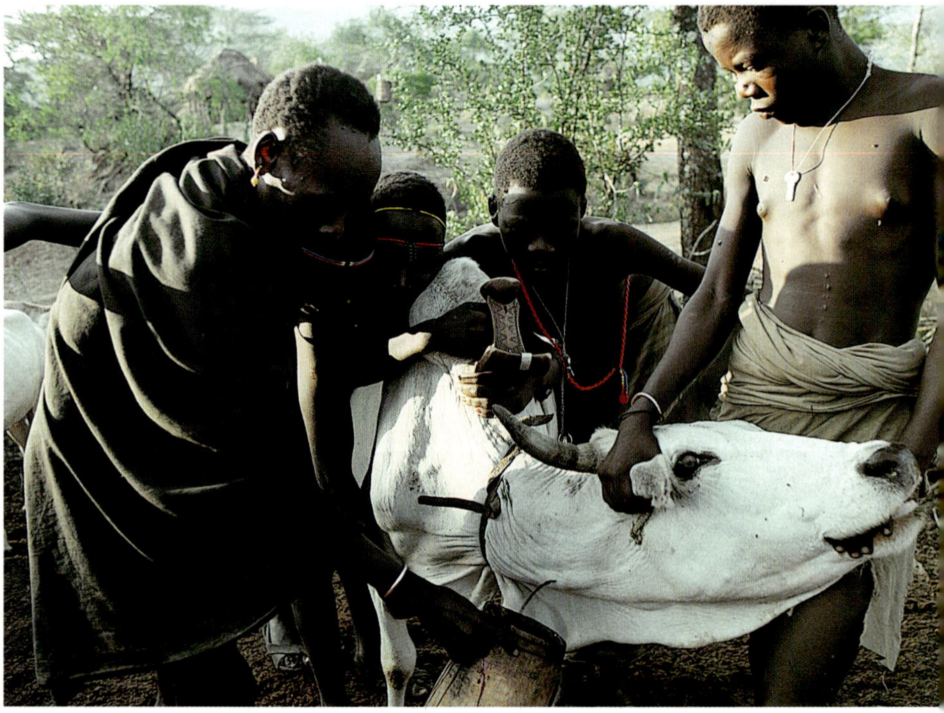

Reisen ist die beste Schule des Verständnisses. Auch wenn dieses Bild blutrünstig wirkt – nur durch diesen Trunk wird der Mann nicht verhungern.

Oft frage ich mich, was ein gefährliches Leben ist. Überall, wie hier unter den Pokot-Kriegern, die sich für den Kampf mit den Massai rüsten, bin ich auf die Menschen offen und ohne Vorurteile zugegangen – und habe nie Schiffbruch erlitten.

Rotes Meer

In der Seestraße von Bab al Madab, der Meerenge im südlichen Roten Meer, werden wir zum ersten Mal auf dieser Route von kräftigen Sturmböen geschüttelt. Die See kocht. Mit Sturmbesegelung rauscht der orangefarbene Rumpf der ASMA durchs tiefblaue Wasser. Die Insel Hanish, traditioneller Schutzhafen arabischer Frachtsegler, schirmt uns vom Toben des Windes ab. Als sich die See beruhigt hat, nehmen wir Kurs auf Suakin.

Später, an der sudanesischen Küste, navigieren wir durch bunte Riffe. Nach Tagen auf See laufen wir mit den letzten Sonnenstrahlen im Hafen von Suakin ein: dem magischen Punkt, wo viele der Gewürzreisen ihr Ende fanden. Denn damals, der Suezkanal existierte noch nicht, wurden die wertvollen Gewürze hier auf Kamele verladen. Die Karawanen zogen bis nach Libyen, Ägypten, nach Syrien, der Türkei und Persien. Und manchmal endeten hier im Roten Meer die Handelsreisen der arabischen Kauffahrer blutig.

In Suakin sind noch heute die Rashaida zu sehen: große, weißhäutige Männer, die mit ihren Schwertern stolz durch die Straßen ziehen. Ihre Vorfahren stellten die besten Seefahrer am Roten Meer, aber auch die brutalsten Piraten. Die Rashaidas sind Beduinen und leben heute von ehrbarem Handel, doch sie schmuggeln auch Waffen.

Wir erleben die Gastfreundschaft dieser Wüstensöhne hautnah. Wir schlürfen, der hiesigen Sitte entsprechend, laut den schmackhaften Tee in ihren Zelten. Für mich, den Mann, bleiben die Frauenzelte verschlos-

Im Roten Meer, einer faszinierenden Mischung aus Meer und Wüste, gibt es nur zwei Probleme: Staub- und Sandstürme sowie den Nachteil, schon früh den Ankerplatz anlaufen zu müssen, um gegen die im Westen untergehende Sonne die Riffe zu erkennen.

Suakin im Sudan war die Endstation der Gewürzroute im Roten Meer und der wichtigste Umschlagplatz von Gold und Gewürzen.

Vor Anker in der Wüste, wo die Beduinen leben, von denen mein Schiff seinen Namen hat: ASMA bedeutet „Komm, hör mein Freund“.

Unverschleiert zeigen sich die Rashaidafrauen nur Michelle, die mit ihnen im Zelt lebt.

Krönendes Ende eines Segeltages: unter Vollzeug der Sonne entgegen.

Segeln bedeutet für uns Reisen. Kaum liegt der Anker auf dem Grund, erkunden wir die Umgebung, wie hier auf der Insel Hanish.

Auf keiner Reise habe ich so klares Wasser und bunte Riffe wie im Roten Meer erlebt.

sen. Dafür wird Michelle Eintritt gewährt. Reichgeschmückte Frauen in wundervollen Kleidern erklären Michelle, daß sie das viele Silber und Gold seit ihrer Heirat besitzen: Es ist der Brautpreis. Fälschlicherweise denken wir hier im Abendland, man könne dort Frauen kaufen. Einen Brautpreis zu bezahlen, ist jedoch für jeden Mann die teuerste Handlung seines ganzen Lebens. Denn das ungeschriebene Gesetz verlangt, daß der, der heiratet, der Frau, um deren Hand er bittet, Schmuck schenken muß. Das Silber und Gold, das die Frau empfängt, ist eine Art Sozialversicherung für sie und ihre Kinder. In Notzeiten kann sie den Schmuck in Geld einlösen und sich, die Kinder und die ganze Familie ernähren. Der Preis ist hoch bei den Rashaidas: Ein

Die Rashaidafrauen sind selbstbewußt, gleichberechtigt und verwalten das Geld der Familie.

Das Silber der Rashaida stammt teilweise aus Beutezügen. Sie sind bekannt als geschickte Piraten und wurden deshalb im letzten Jahrhundert aus Saudi-Arabien verjagt.

Der Hals- und Armschmuck bei den Rashaida ist immer im Besitz der Frauen und ihrer Kinder. Das ist eine Form der Sozialversicherung. Bei der Heirat muß der Mann das Gewicht eines Kamelbabys, ca. 25 kg, mit Silber aufwiegen.

In der Wüste sind wir zu Gast bei Scheich Ben Ali ben Jusu, dem Stammesführer der Rashaida.

Rashaida, in deren Zelten wir leben, führen uns ihre Waffen vor.

Kamelbaby, rund 25 kg schwer, muß mit Schmuck aufgewogen werden. Beim Anblick der noch immer kriegerischen Gestalten bin ich froh, daß wir erst tausend Jahre nach den alten Arabern die Gewürzroute entlang gesegelt sind. Froh aber auch darüber, daß wir diese Route überhaupt befahren haben, sonst würde in unseren Leben ein ganz großes Vakuum ungefüllt sein: Die herrliche Droge Afrika mit ihren Menschen, die wir in 300 Tagen auf 3800 Seemeilen erlebten.

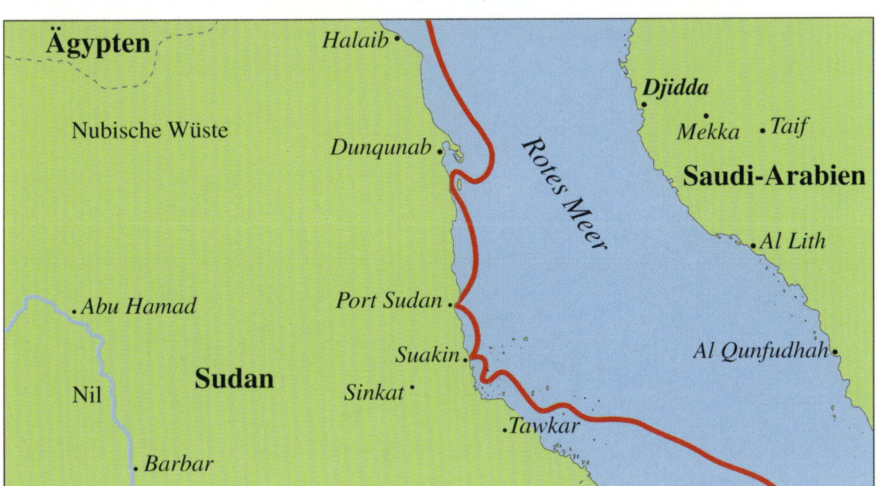

Nordpolarmeer
Grönland
Alaska
Godthåb
Juneau
Prinz Rupert
Kanada
Victoria
Ottawa
Azoren
San Francisco
New York
Washington
Vereinigte Staaten von Amerika
Bermudas
San Diego
Miami
Key West
Bahamas
Mexiko
Dominikanische Rep.
Puerto Rico
Kap Verde
Mexiko City
Kuba
Jamaika
Haiti
Saint Croix
Antigua
Martinique
Dominica
Saint Vincent
Saint Lucia
Union Island
Barbados
Guanaja
Acapulco
Honduras
Guatemala
Nicaragua
Grenada
Trinidad
Tobago
El Salvador
Costa Rica
Caracas
Venezuela
Surinam
Panama
Bogota
Frz.-Guyana
Kolumbien
Guyana
Quito
Ecuador
Galapagosinseln
Peru
Brasilien
Lima
Salvador
Pazifik
Brasilia
La Paz
Bolivien
Arica
Paraguay
Rio de Janeiro
Asuncion
Chile
Argentinien
Uruguay
Valparaiso
Santiago
Buenos Aires
Atlantik
Valdivia
Kap Hoorn
Antarktis

RUND AMERIKA

Nordwest-Passage
Mexiko
Costa Rica
Ecuador
Chile
Antarktis
Argentinien
Brasilien
Karibik
Honduras
Guatemala
New York

36 000 Seemeilen segeln Michelle und ich um ganz Amerika, bevor wir die lebende Statue of Liberty in New York treffen.

Mitten unter den Palmen von Afrika, wir trinken Kokosnußmilch, entsteht die Idee, den ganzen amerikanischen Doppelkontinent zu umsegeln. Dafür brauchen wir ein geeignetes Schiff. Serienyachten kommen für uns nicht in Frage. Sie entsprechen nicht den Anforderungen, die wir an ein Schiff für so eine Reise stellen. Ein Konstrukteur entwirft die neue ASMA, die in leichten und stürmischen Winden gut segeln soll, Packeis überleben muß und funktionstüchtig sein soll. Der Rumpf aus Aluminium wird auf einer Werft in Norddeich gebaut. Den Rest, die größte und teuerste Arbeit wie die Inneneinrichtung, Einbau des Motors, Installation und Ausbau, übernehmen wir – und viele Freunde helfen. Die Aluyacht ASMA ist 13,30 m lang, 3,85 m breit, hat 1,80 m Tiefgang, 12 t Verdrängung und einen 16,20 m hohen Mast. Am Wind kann sie 110 m² Segelfläche tragen und vor dem Wind 180 m². Drei wasserdichte Schotten, Kielkühlung, ein Flushdeck und ein kleines Cockpit charakterisieren unser Expeditionsschiff. Diese Yacht hat wie alle meine Yachten zuvor eine Pinne. Denn aus meinen Erfahrungen weiß ich, daß die Windselbststeueranlagen mit Pinnensteuerung besser funktionieren. Der gemäßigte Langkiel ist konsequent, weil wir fast 1000 l Diesel und 800 l Wasser in den Tanks haben wollen.
Wir segeln zwar allein, aber wir sind nicht allein. Viele Menschen in Deutschland und unterwegs, Sponsoren, Freunde und Bekannte, haben dieses Projekt unterstützt. „Rund Amerika" ist für mich die größte Herausforderung auf See. Ich weiß, wenn das bestanden ist, dann gibt es keine Abenteuer für mich mehr, nur noch schlechte Kopien. Mir und Michelle ist klar – nach diesem Mammut-Trip werden wir eine Pause vom Segeln einlegen. Was ich auf dieser Reise erfahre: Es gibt tatsächlich nach 13 Seglerjahren noch ein Land, in dem mich der Pioniergeist reizt. Dort, am „Ende der Welt", im chilenischen Patagonien nahe Puerto Montt, bin ich heute zu Hause. Unvergessen bleiben die traumhaften Menschen und Kulturen Amerikas, und es stimmt tatsächlich, was mir mal jemand sagte: Nur wer losfährt, kommt an.

Nordwest-Passage

Faszination und Angst liegen hier so eng zusammen. Der Seeweg, gefüllt mit Packeis, unzähligen Untiefen, teilweise nicht vermessenen Seegebieten und Kompassabweichungen von über 180 Grad, führt von Grönland durch die Arktis zur Beringstraße. Tagelang 3 Stunden Wache, 3 Stunden Schlaf, wir treiben unser Schiff voran. Mehr als insgesamt 30 Tage sitzen wir im Packeis fest. Einmal hilft ein Eisbrecher, ein andermal befreit uns ein Sturm aus der richtigen Richtung, der das Eis davontreibt. Es sind 4000 lange Seemeilen, wo oft nur die Meter zählen, die wir an einem Tag vorankommen. Genau 100 Tage sind wir unterwegs. Die Arktis ist wie kein anderer Ort auf der Welt bestimmt der brutalste Platz für eine Yacht. Hier treffen wir die besten Überlebenskünstler der Erde, die Inuits. Von der neunzigjährigen Oarajut erfahre ich eine wunderbare Weisheit: „Man geht mit dem, aus dem man entstanden ist“ – damit meint sie die Natur der eisigen Arktis.

Die extreme Gewalt des Packeises überlebt die Aluyacht nur, weil sie durch ihr geringes Gewicht nach oben gehoben wird.

Ständig sind wir dabei, Alternativen zu planen – nur so können wir im Eis überleben.

Mich beeindruckt kein Volk so sehr wie die Inuits. Sie leben dort, wo für uns das Leben aufhört – im Eis.

Wintereinzug in der Arktis. Das Gefährlichste waren die Eisbären und das Packeis.

GeoMundo
expedition
CONTAX
EISSING
ASMA

GeoMundo
expedition
EISSING
CONTAX

Mexiko

Endlich, nach der Arktis und einer Überwinterung in Kanada, sind wir wieder in der Wärme. Asma wird von uns in Acapulco überholt und vertäut. Wir besteigen mit einem Indianer, unserem Begleiter Manuel, den „Hühnerbus“, der mit Kisten, Säcken und Indianern vollgepackt ist. Von der Endstation folgt ein langer Fußmarsch durch die Halbwüste, und abends sind wir am Ziel, in jenem unscheinbaren Dorf San Francisco. Nur hier werden heute noch die einzigartigen Tanzmasken geschnitzt. Schlangenbildnisse symbolisieren Schnelligkeit. Und dort, wo das menschlich wirkende Gesicht ein Fischmaul hat, erklärt Manuel: „Den Tanz des Fisches gibt es heute noch“. Wir erfahren weiter: „Das Symbol des Fisches bittet die Regengötter um Wasser“ – für Menschen und Felder.

Die Alu-Asma. Sie ist 13,30 m lang, hat 1,80 m Tiefgang, 3 Schotten und trägt 110 m² am Wind. Für 1300 Tage ist sie unser Zuhause.

Zentralamerika ist wie ein Erholungsheim. Gute Ankerplätze und leichte Winde.

Die letzten Azteken, die mythische Masken schnitzen, treffen wir in der Halbwüste.

Die Dorfbewohner, bei denen wir wohnen, holen aus 6 km Entfernung ihr Wasser.

Der Indianer Manuel ist unser Dolmetscher. Er begleitet uns zu Fuß.

Costa Rica

Costa Ricas Wälder gleichen einem Zoo. Papageien und Leguane sehen wir ständig.

Wenn man in der Natur-Kathedrale Urwald steht, fragt man sich, warum sich manche Leute Teakdecks legen.

Wir erleben im Braulio Carrillo-Nationalpark eine enorme Vielfalt der Natur.

Nervenaufreibende Flaute auf dem Törn von Mexiko nach Costa Rica. Dafür entschädigen uns satter grüner Dschungel, aus dem Papageien schreien, Sandstrände und lachende Gesichter. Wir schlängeln uns in Tagesetappen die Küste entlang. Das Land wirkt nicht aufregend, nichts ist besonders, aber alles ist schön. Dann entrinnen wir der feuchtheißen tropischen Hitze der Küste und fahren mit den Überlandbussen los, besuchen Städte und kriechen auf 2200 m Höhe nach Sacramento. Wir wandern von dort zu Fuß weiter, im wahrsten Sinne des Wortes direkt in die grüne Hölle, in den Braulio Carrillo-Nationalpark auf 2800 m. Hier hängen die Wolken in den Bäumen, alles tropft, glitzert, und das Sonnenlicht trägt zu einem endlosen Farbenspiel bei. Uns umgibt eine mannigfaltige Natur aus Pflanzen und Bäumen, bunten Vögel, Leguanen, Schmetterlingen und Affen.

Kokosnüsse sind für uns auf See wichtige haltbare Vitaminspender. Neben dem Wasser und Fleisch verwenden wir die Milch zum Kochen.

Im Regenwald erfahre ich wieder, daß es dort, wo Mensch und Tier harmonieren, keine Scheu gibt – auch beim gemeinsamen Frühstück nicht.

Ecuador
Chile

Südamerika ist ein Zauber aus Magie, Natur und Kultur. Wir erleben diese Mischung immer wieder hautnah, auch hier in Ecuador bei den Nachfahren der Inkas. „Im Blut des Menschen spiegelt sich die Kraft der Natur. Und die Erde hat die Kraft, weil sie mit dem Geist der Natur getränkt ist", erzählt uns der Indianer Carlos. Auf dem Fußboden sitzend essen wir Maisfladen. Wir wandern mit Lamakarawanen, erleben die Anden, ihre Bewohner und das extreme Dasein auf über 4000 m Höhe. Ecuador ist die bunte Farbenpracht einer existierenden Indianerkultur – schöner kann es gar nicht sein. Dann geht es über 3000 Seemeilen gegen den Südwest nach Chile. Extrem schön: die urwüchsigen patagonischen Kanäle. Segeln in den Anden. Vorbei an Gletschern, 4000 m hohen Bergen, Walen und unzähligen Inseln kommen wir zum Ende der Welt. Am südlichsten Zipfel Amerikas, am Kap Hoorn, segeln wir südwärts der weißen Pracht entgegen – der Antarktis.

Tief beeindruckt hat uns in Ecuador der Indianer Carlos: „Weben ist nicht nur Arbeit, nein, man gibt seine Gefühle und Liebe in jeden Handschlag."

In den Anden Ecuadors sind Hirtenkinder wochenlang allein mit der Herde unterwegs.

Der Besuch der Indianer auf dem Markt von Zumbahua dient nicht nur dem Handel, er ist auch Kommunikationsstätte und Treffpunkt.

Chiles patagonische Kanäle, wie hier im Peel Sound, sind für mich einer der schönsten Plätze auf der Erde.

Wehmütige Worte höre ich von der letzten Indianerin auf Feuerland: „Wenn meine Flamme erlischt, dann brennen keine Feuer auf Feuerland mehr.“

Auf dem weißen Kontinent erleben wir eine total neue Dimension des menschlichen Daseins: Wir erfahren zum ersten Mal, in welcher hautnahen Harmonie Mensch und Tier zusammenleben können. Kanadische Meeresbiologen hatten uns einen Trick verraten, nämlich klassische Musik über einen Unterwasserlautsprecher abzuspielen. So erleben wir das wunderbare Schauspiel, wie sich die Wale um das Schiff tummeln und dicht an den Rumpf schwimmen. In Hoovegard Island vertäuen wir ASMA und unternehmen Tageswanderungen in die endlose Weite des Eises. Hier treffen wir auf die große Tiervielfalt der Eiswüste. Unbeschreiblich ist das Licht, sind die Farben und Klarheit der Luft, die unwirklich wirkende Bilder gestalten. Das Wetter wechselt ständig, mal Flaute, mal Sturm, mal Schnee, dann wieder Sonnentage. Dafür ist dieses Eis weitaus ungefährlicher als das gefrorene Wasser, das brutale Eis der Arktis.
Allein der Besuch der Antarktis, mein schönster Landfall des Lebens, wäre die Reise um halb Amerika wert gewesen. Der Anblick des mächtigen Eiskontinents mit seinen Kräften und seinen Naturwundern schraubt uns als Mensch auf ein Kleinstmaß zurück. Wir verstehen unsere Kleinheit und sehen ein, daß das, was dort über Zehntausende von Jahren entstanden ist, allein der Antarktis gehört, nicht uns, den Menschen – wir alle müssen diese letzte große Wildnis der Welt schützen.

Wal-Begegnung in der Antarktis. Nie in meinem Leben kam ich sonst mit Tieren so hautnah zusammen.

Die Antarktis ist der Höhepunkt der Amerika-Umsegelung. Wir taufen sie die „weiße Pracht".

An einem Tag kann man alles erleben: 06.00 Uhr Starkwind. 11.00 Uhr Windstille. 14.00 Uhr 14° C plus. 19.00 Uhr Neuschnee.

In kalten Regionen kleiden wir uns im Zwiebelschalenlook: Dünne Unterwäsche, Skiunterwäsche, eine Lage Fleece und zum Schluß der Segeloverall.

Viele Tiere in der Antarktis, auch die Kormorane, müssen in dem nur 12 Wochen andauernden Sommer ihre Jungen groß ziehen.

Das Eis ist nicht nur unwirtlich: 500 000 000 Tierleben werden dort jährlich geboren.

Pinguine sind Vögel, die zwar nicht fliegen, aber hervorragend tauchen können.

Argentinien Brasilien

Nach einer Nonstop-Reise im März von der Antarktis nach Argentinien überwintern wir im Land der Gauchos. Wir erleben das andere Patagonien in der endlosen Steppe. Treffen die Gauchos, reiten mit ihnen und trinken abends im Schneetreiben Mate-Tee am Lagerfeuer. Die Wildnis Patagoniens verzaubert mich, heute lebe ich dort. Farbenprächtig und lebhaft ist Brasilien. Beides hat seinen Ursprung in der Mischung aus Mentalitäten von Afrikanern, Europäern und Indianern. Das quirlige Land tut uns gut, wir tanzen und feiern und erleben ein total anderes Südamerika. Das Meer ist nicht mehr aufregend, alles ist gleichmäßig schön, der Wind, die Wellen und der Passat treiben uns in die Karibik.

Patagonien ist ein Pionierland mit endlosen Weiten.

Don Sotto, ein Gaucho aus Argentinien, reist mit uns per Pferd. Er lebt seit über 50 Jahren im Sattel.

Klimaverschiebung: Die Windkarten stimmen selten. Im Passat laufen wir zwei Tage Vorwindkurs, aber 16 Tage mit halbem Wind.

Ein Saveiros, ein brasilianischer Frachtsegler. Sein Design kam im 17. Jahrhundert aus Portugal.

Menschen-Kontraste in Brasilien: Schmelztiegel von Kulturen der Afrikaner, Europäer und Indianer.

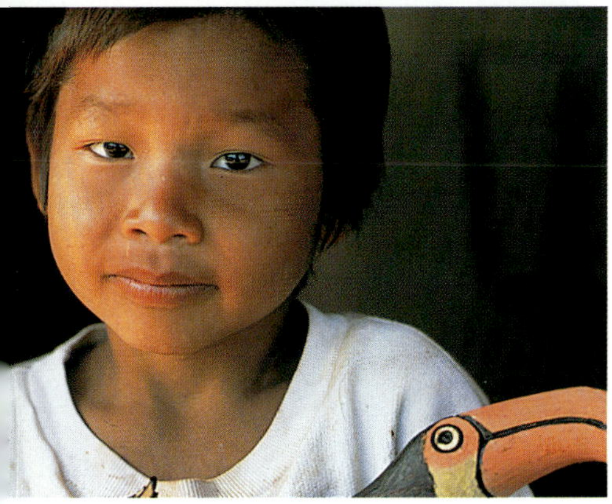

Der Capoeira ist ein Tanz mit starkem Mythos. Die Männer wollen eine kranke Frau damit heilen.

Märkte machen mich nachdenklich: Zum Spottpreis bietet die Dritte Welt ihre Produkte an.

Salvador, die ehemalige Hauptstadt Brasiliens, ist für uns das Afrika in Südamerika. Rhythmen, Sprache und Tänze erinnern an Westafrika. Die architektonische Perle des Ortes war früher der größte Markt für afrikanische Sklaven.

Karibik
Honduras

Weißer Sandstrand, blaues Wasser, Palmen und ewiger Sonnenschein bei mäßigem Passat, alles paßt, das Klischee stimmt – so erleben wir die Westindischen Inseln. Union Island ist für uns wie ein Erholungsheim. Endlich sicher ankern, keine Stürme, gutes Essen, nette Menschen – eine sehr gemütliche Phase, die man beim Blauwassersegeln selten erlebt. Von dort gehen wir Nonstop nach Honduras und besuchen die vorgelagerte Insel Guanaja. Alles wirkt zeitlos und ist traumhaft schön. Der letzte prominente Besucher soll der berühmte Pirat Morgan gewesen sein. Hier gibt es keine Autos, die Einwohner reiten oder fahren Boot. Sie sprechen Englisch und Spanisch und sind sehr gastfreundlich. Guanaja ist eine der schönsten Inseln, die ich kenne.

Auf der Insel Carriacou, die zu den Grenadines gehört, finden wir ein sehr ursprüngliches Leben.

Überall muß gehandelt werden. Das finde ich schön, denn man spricht nicht nur über Preise, man begegnet auch Menschen und erfährt viel über ihre Kultur.

Zu Fuß durchwandern wir die Insel Grenada. Dort leben die Menschen von der Landwirtschaft und vom Fischfang.

Seit Ecuador treffen wir zum ersten Mal so viele Yachten: Tobago Cays nahe Union Island.

Karibischer Höhepunkt ist die Insel Tobago – und dort die Menschen.

Einziger Schutz vor Sandfliegen: die Häuser im Wasser auf Stelzen bauen.

Karibische Schönheit: die Insel Guanaja mit ihren Menschen.

Auf Guanaja spricht man Englisch und Spanisch. Es gibt keine Autos, man bewegt sich per Boot oder Pferd.

Für mich ist Guanaja die schönste Karibikinsel, denn dort gibt es die vielfältigsten Riffe.

Überall in Südamerika treffen wir auf Zeugen alter Kulturen: Mayatempel in Copan.

Mit Pferden erkunden wir die Insel Guanaja, die von den Briten an die Spanier verkauft wurde.

Guatemala

Der Rio Dulce, in dem wir ankern, ist bestimmt einer der prachtvollsten Flüsse. Durch die geringen Tidenunterschiede in diesen Breiten kommt das Salzwasser nicht flußaufwärts, deshalb sind die Ufer nicht mit Mangroven, sondern mit grüner Urwaldlandschaft bewachsen. Hier in diesem Land, einer ewig grünen Berglandschaft zwischen Pazifik und Karibik, treffen wir die Maya. Bewundernswert sind diese Menschen, die alle Einflüsse, wie den brutalen Einfall der Spanier, die Missionierung der Kirche und zuletzt die Miltärregierung, so stolz überlebt haben, daß uns heute noch die farbenfrohe Kultur der Maya überall begegnet. Wir sind zu Gast bei der Zeremonie, in der der Gottheit Maximon eine menschlich aussehende Puppe verehrt wird. Maximon kann nicht nur Gutes und Schlechtes über die Menschheit bringen, nein, diese Gottheit, der täglich ein Lichtermeer aus Kerzen gespendet wird, entscheidet auch über die Ernte. Und immer, wenn man uns Mais in einem der zahlreichen Straßenrestaurants auftischt, denken wir an die Worte der Indianerin Roswitha, die über ihren Maya-Glauben erzählt: „Wir wissen es genau, unsere Götter haben die ersten Menschen aus Mais geformt. Mais bedeutet nicht nur Nahrung, Mais ist etwas ganz Besonderes."

Die Maya, in unfruchtbares Land verdrängt, waren durch die Not gezwungen, Terrassenfelder anzulegen.

„Indianer sein ist schön", sagen mir diese Männer. Hier in Guatemala treffen wir die Nachfahren der Maya.

Bei unserem Fußmarsch durch das Land der Maya erfährt Michelle, daß die Farbe Rot bei den Maya das Sinnbild für Kraft ist.

Asma im guatemaltekischen Rio Dulce, einem der sichersten Hurrikan-Schutzhäfen weit und breit.

Es fehlen oft Worte!
Vor dieser Kultur
verneige ich mich.

New York

Mitten in der endlos wirkenden Weite des Atlantiks, an einem stürmischen Tag im Juni 1993, segelt unsere Yacht ASMA über ihre alte Kurslinie von 1990. An diesem Tag steht in unserem Logbuch: „Ein wunderschönes Gefühl, der Kreis eines Traumes schließt sich, die Umsegelung Amerikas ist Realität geworden." Amerikas Erstumsegelung war beendet. In 1300 Tagen erlebten wir auf 38 000 Seemeilen die Extreme unseres Planeten: Flauten und Stürme, tropische Hitze, Eisberge und Packeis. Die wundervollsten, vielfältigsten Landschaften.
Wir erlebten das Spektrum Amerika von 75 Grad 38 Minuten Nord bis 65 Grad 35 Minuten Süd, und es hat uns reichlich belohnt: Mit seinen Menschen und den Völkern, die wir kennenlernen durften.
Unser Dank gilt allen, die halfen, daß wir „Rund Amerika" erleben durften!